프로이트의 『정신분석 입문 강의』 읽기
―의식과 무의식의 변증법―

세창명저산책_070

프로이트의 『정신분석 입문 강의』 읽기

초판 1쇄 인쇄 2020년 2월 10일
초판 1쇄 발행 2020년 2월 17일

—

지은이 배학수
펴낸이 이방원
기획위원 원당희
편　집 이미선·김명희·안효희·윤원진·정조연·정우경·송원빈·최선희
디자인 손경화·박혜옥·양혜진　**영　업** 최성수

—

펴낸곳 세창미디어
출판신고 2013년 1월 4일 제312-2013-000002호
주소 03735 서울시 서대문구 경기대로 88 냉천빌딩 4층
전화 02-723-8660　**팩스** 02-720-4579
이메일 edit@sechangpub.co.kr　**홈페이지** http://www.sechangpub.co.kr/

—

ISBN 978-89-5586-582-0 02180

ⓒ 배학수, 2020

Sigmund
FREUD

세창명저산책_070

배학수 지음

프로이트의 『정신분석 입문 강의』 읽기

─의식과 무의식의 변증법─

세창미디어
MEDIA

프로이트Sigmund Freud는 1915-1916년, 그리고 1916-1917년의 두 겨울 학기 동안 빈Wien 대학에서 일반 학생을 대상으로 정신분석을 강의하였습니다. 이것을 정리하여 출판한 저술이 『정신분석 입문 강의Vorlesungen zur Einführung in die Psychoanalyse, GW 11』입니다. 이 책에는 그때까지 발전한 정신분석의 이론과 방법이 설명되어 있습니다. 그 이후 프로이트의 사상은 더욱 발전하고 변화합니다. 이 강의가 끝난 지 15년 후인 1932년, 프로이트는 정신분석의 새로운 성과를 정리하여 일반인을 대상으로 강의하듯이 쉽게 설명하는 책을 출판합니다. 이것은 『정신분석 입문 강의 후속편Neue Folge der Vorlesungen zur Einführung in die Psychoanalyse, GW 15』입니다. 프로이트는 이 두 권의 책으로 자신의 사상을 모두 정리하였습니다. 다만, 문명과 종교에 관한 이론은 간단히 언급만하고 자세히 다루지는 않았습니다. 아마 강의 시간이나 저술의 분량을 고려하여 그렇게 하였을 것입니다.

필자는 2018년 『프로이트의 문명 변증법: 에로스와 타나토스의 투쟁』(세창출판사)을 출간했습니다. 이 책은 프로이트의 문명과 종교 이론이 집약된 『문명 속의 불만Das Unbehagen in der Kultur』을 분석하고 그것의 토대가 되는 여러 정신분석학적 주제를 설명한 것으로 프로이트가 두 번의 정신분석 입문 강의에서 핵심을 지적만 하고 넘어간 문명과 종교 이론을 연구한 것입니다.

지금 필자가 쓰는 책의 제목은 『프로이트의 〈정신분석 입문 강의〉 읽기: 의식과 무의식의 변증법』입니다. 이것은 앞에서 언급한 프로이트의 정신분석에 관한 입문 강의 형태의 두 저술 (GW 11, GW 15)을 해설합니다. 보통 위대한 사상가는 자신의 사상을 설명하는 입문용 책을 본인이 직접 저술하지 않습니다. 그런 작업은 제자들이나 저와 같은 후대의 학자들이 하는 것입니다. 그러나 프로이트는 자신의 사상을 설명하는 책을 여러 권 썼습니다. 아마 정신분석이 워낙 새로운 학문이라 초기에는 프로이트 본인 말고는 연구자가 거의 없어서 입문용 저술도 본인이 쓰지 않을 수 없었을 것입니다. 정신분석의 전반을 프로이트 자신이 설명하는 저술에는 두 권의 『정신분석 입문 강의』말고도『나의 이력서Selbstdarstellung』와『정신분석 개요Abriss der Psychoanalyse』가 유명합니다. 앞의『나의 이력서』는 정신분석의 발전 과정을 시간 순서대로 설명하고, 뒤의『정신분석 개요』는 정신분석의 여러 분야를 체계적으로 설명합니다. 이 두 권의 저술은 일반 독자를 예상한 것이 아니라서 입문 강의 두 권에 비해 분량이 아주 적고 간명한 것이 특징입니다.

프로이트는 빈에서 클리닉을 열어 신경증 환자를 치료했던 의사입니다. 정신분석은 환자를 치료하는 과정에서 프로이트가 개발한 방법과 이론입니다. 그러나 정신분석은 신경증의 이론만은 아닙니다. 신경증 환자와 일반인의 정신활동은 본질적으로 차이가 나지 않으므로, 신경증 환자의 정신세계를 탐구하는 정신분석은 모든 사람, 사회 그리고 문화에 적용될 수 있는 것입니다. 정신분석은 신경증 환자를 치료하는 과정에서 개발된 것이지만 신경증의 이론에 국한되는 것은 아닌 것입니다.

필자는 정신분석을 철학의 발전 과정이라고 생각합니다. 소크라테스Socrates는 '너 자신을 알라'는 구절을 철학의 모토로 삼았습니다. 자신을 안다는 것은 자신의 정신세계를 이해한다는 것입니다. 그런데 프로이트의 정신분석적 연구 이전까지의 철학은 인간의 무의식을 고려하지 못했습니다. 나 자신을 알려면 나는 나의 의식뿐 아니라 무의식도 살펴보지 않으면 안 될 것입니다. 무의식은 나에게 은폐되어 내가 모르는 내 정신의 일부인데, 그런 어두운 영역이 정신 내에 존재한다는 것조차 알려지지 않았습니다. 정신분석은 무의식의 존재를 발견하고 그것이 의식에 어떤 영향을 주는지 탐구하여 철학의 지평을 확대하였습니다.

프로이트는 1856년에 태어나 빈에서 자라고 교육받고 일하며 살다가 사망하기 1년 전 영국으로 이주하여 1939년 런던에서 사망했습니다. 정신분석은 역사가 얼마 되지 않아서 아직도 일반인에게 친숙하지 않습니다. 게다가 정신분석에는 사람들이 생각지도 못했던 새로운 내용과 아주 싫어할 만한 사상이 포함되어 있어서, 많은 사람들은 아직도 정신분석이라는 인간의 정신에 관한 최신의 연구업적을 활용하지 않고 인간과 사회문제에 접근합니다. 이것은 최신의 의학과 의료 기구를 사용하지 않고 전통적 방식으로만 환자를 치료하는 어리석은 일이나 다름 없습니다. 프로이트 이후에 태어난 사람들은 정신분석이란 최신의 도구를 사용하여 인간과 사회문제에 접근하고 그것을 해결할 수 있는 특권을 가지고 있습니다. 현대인은 단지 현대에 살아가는 인간이 아니라 현대에 이르는 정신적 업적을 활용하면서 살아가는 사람일 것입니다.

2020년 2월

배학수

| CONTENTS |

일러두기

Sigmund Freud. *Vorlesungen zur Einführung in die Psychoanalyse*. Gesammelte Werke 11(Imago Publishing Co., Ltd., London. First printed 1945). 이 전집에 실린 저술은 GW로 줄이고, 권수와 페이지 수를 본문에 표시한다.

프롤로그

타하니Tahani는 왜 자신은 그렇게 착한 일을 많이 하는데도 322명이 사는 동네 사람들 중 도덕성 서열이 끝에서 두 번째인지 이해할 수 없다. 미국의 텔레비전 판타지 코미디 시리즈 〈좋은 곳The Good Place〉에서 등장인물들은 좋은 사람이 되려고 노력하고, 마치 철학 강의실처럼 어떻게 하면 좋은 사람이 될 수 있는지를 공부한다. 타하니는 살아 있을 때 모두 600억 달러를 모금하여 비영리 단체에 기부했다. 그리고 사후 세계인 '좋은 곳'에 와서도 선행을 이어 간다. 그럼에도 도덕성 서열은 밑바닥이다. 이유는 그녀의 동기가 깨끗하지 않기 때문이다. 타하니는 재능이 뛰어난 언니의 그늘에서 평생 동안 살아오면서 부모로부터 한 번도 인정받지 못했다. 그녀는 사회적으로 좋은 일을 많이 했으나 그 행동들은 세상으로부터 명성과 인기를 얻어 언니의 코를 납작하게 만들고자 하는 이기적 동기에서 나온 것이지 순수한 것은 아니었다.

18세기 독일의 철학자 칸트Immanual Kant에 따르면 도덕적 행동이란 결과만 좋은 것이 아니라 동기도 좋아야 한다. 가난한 사람을 도와주기 위해 봉사활동을 할 때 그것이 옳기 때문에 행동하지 않고 취업을 위한 스펙을 쌓기 위해서라면 그 동기는 순수하지 않다. 타하니의 행동은 외견상 도덕에 부합하는 것처럼 보이지만 실제로는 도덕적 행동이 아니다. 타하니가 착한 일을 하고도 도덕성 서열이 매우 낮은 것은 동기가 오염되었기 때문이다. 그러나 타하니는 자신의 동기를 모르고 있다. 세상에서 유명한 사람이 되어 언니를 이기고자 하는 열망이 자신을 추동하고 있다는 것을 그녀는 의식하지 못하고 있는 것이다.

이렇게 인간에게는 자신이 모르는 정신의 세계가 있다. 이것이 바로 무의식이다. 무의식은 나의 일부이지만 내가 모르는 영역이므로 나에게는 매우 낯선 세계이다. 사람들은 예전부터 무의식의 존재를 흐릿하게나마 감지하고 있었다. 그러나 프로이트 이전까지는 그것을 확실히 인정하고 탐구하는 방법을 찾아내지 못했다. 프로이트는 신경증 환자를 치료하면서 병의 원인이 무의식의 경험에 있다는 점을 깨닫고 그것을 발견하는 방법과 이론을 개발하였다. 이것이 정신분석이다. 정신분석은 인간의 무의식을 분석하여 정신을 이해하고자 한다.

새롭게 무언가를 창안하는 사람은 자신이 무엇을 하고 있는지 잘 모를 때가 많다. 그러나 프로이트는 정신분석이라는 학문의 본질을 잘 이해하고 있었다. 그는 정신분석을 신경증의 치료법이 아니라, 정신생활에서 무의식 체계를 발견하는 것이라고 폭넓게 규정하고 있는 것이다(GW 11, 403-404). 정신분석의 본질은 그것이 다루는 소재가 아니다. 프로이트가 의사여서 정신분석은 처음에 신경증 환자를 치료하기 위한 이론과 방법이었지만, 정신분석의 본질은 의식과 무의식의 관계를 통하여 인간의 정신과 문화를 이해하는 새로운 접근 방식이다.

정신분석의 세 가지 법칙

프로이트의 정신분석에는 세 가지 기본 법칙이 있다고 필자는 생각한다.

1. 인간의 정신은 의식과 무의식으로 분열되어 있다.
2. 무의식은 의식으로 출현하고자 돌진한다.
3. 의식은 무의식을 억압한다.

정신분석은 이 세 가지 기본 법칙을 토대로 삼아 모든 인간의
활동을 설명한다. 여기에는 개별적 인간의 행동이나 질병뿐 아
니라 도덕, 종교, 예술 같은 사회현상도 포함된다.

인간의 정신은 의식과 무의식으로 분열되어 있다

사람들은 내가 나를 가장 잘 알고 있다고 생각한다. 그러나
행동을 하면서도 왜 그렇게 하는지 모를 때가 있고, 어떤 경우
에는 내가 알고 있는 동기와 진짜 동기는 다르다. 앞의 사례에
서 타하니처럼 행동의 진정한 동기는 내가 모르는 미지의 영역
에 있다. 이곳은 본인의 정신의 일부이지만 나에게는 낯선 외

국 같은 곳이다.

정신분석이 등장하기 전까지 인간의 정신은 의식과 동일한 것이었다. 나의 정신은 모두 내가 의식할 수 있다고 믿었기 때문이다. 정신분석은 이것은 틀렸다고 선언하며, 인간의 정신은 의식과 무의식이라는 두 개의 방으로 구성되어 있다고 주장한다. 프랑스의 정신분석가 자크 라캉Jacques Lacan은 이 점을 'Ssubject/주관'에 빗금을 그어 '$'라고 표현한다. 인간은 주관 'S'가 아니라 의식과 무의식으로 갈라진 주관 '$'이다.

정신

| 무의식 | 의식 |

무의식은 의식으로 출현하고자 돌진한다

호텔에는 여러 개의 객실이 있다. 정신이 무의식과 의식의 방으로 이루어져 있지만 호텔의 객실과는 완전히 다르다. 호텔

의 방들은 서로 관계하지 않는다. 반면 의식과 무의식의 방은
서로 영향을 주고받는다.

먼저 무의식은 의식으로 출현하고자 돌진한다. 무의식의 욕
망은 무의식의 방에 가만히 머무르려 하지 않고 의식의 방으로
진입하려고 시도한다. 만약 시도가 성공한다면 의식은 무의식
의 사건을 알 수 있다. 의식의 방에 들어온 무의식의 사건을 프
로이트는 '무의식의 발현물'이라고 부른다. 그것의 대표는 말실
수, 꿈, 신경증이다. 정신분석은 무의식의 발현물을 조사하여
무의식을 찾아간다.

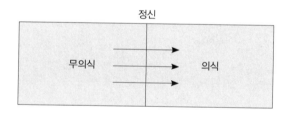

의식은 무의식을 억압한다

무대에 등장하는 배우는 관객이 알아보지만, 배우가 가면을

쓰고 있다면 누구인지 관객은 모를 것이다. 마찬가지로 무의식의 욕망이 의식의 방에 들어온다면 의식은 그것이 무엇인지 바로 알 수 있다. 그러나 무의식은 위장을 하고 의식의 방에 진입한다. 이유는 의식이 무의식의 사건이나 욕망이 의식에 입장하는 것을 싫어해서 그것이 들어오지 못하도록 억누르기 때문이다. 타하니가 선행을 하는 이유는 높은 명성과 지위를 획득하여 언니를 능가하고자 하는 속물적 동기이다. 이것은 타하니가 알고 싶어 하지 않는다. 다시 말해 그녀의 의식은 그런 동기가 의식의 방으로 들어오기를 거부한다. 의식은 무의식에 체류하는 체험이나 욕망이 의식되지 않도록 억누른다. 그래서 무의식의 심리 과정은 의식이 알지 못하는 것이다.

의식이 억압한다고 무의식의 사건이 가만히 무의식에 머물러 있는 것은 아니다. 그것은 의식이 알아채지 못하도록 위장을 하고 의식의 방으로 들어온다. 그래서 무의식의 발현물은 의식이 이해하기 힘든 것이다. 꿈은 잠자는 동안 무의식이 가면을 쓰고 의식의 방으로 들어온 것이다. 그래서 꿈을 꾼 사람은 꿈을 기억하고 서술할 수는 있으나 그것이 무엇을 의미하는지는 모른다.

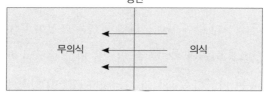

정신

무의식 ← 의식

　프로이트는 『정신분석 입문 강의』를 보통 사람들의 가벼운 실수행위를 분석하는 데서 시작한다. 누구나 잘 알고 있는 사람의 이름이나 장소를 갑자기 기억하지 못하거나 잘 못 말하는 경험이 있을 것이다. 사람들은 무심코 실수했다고 변명한다. 그러나 프로이트는 그것이 의식과 무의식의 상호작용 때문이라는 점을 밝혀낸다.

　다음으로 그는 꿈을 어떻게 해석하는지를 보여 준다. 어떤 사람들은 꿈이 아무런 의미도 없는 개꿈이라 여기고, 반면 어떤 사람들은 꿈에 예언 같은 진지한 내용이 있다고 믿는다. 우리가 아침에 기억하는 꿈은 진짜 꿈이 아니라 진짜가 위장된 형태이다. 그 위장을 벗기는 것이 바로 꿈의 해석이다. 꿈을 해석할 수 있다면 무의식이 드러난다.

　세 번째 주제는 신경증이다. 프로이트가 다루는 신경증은 신경증 중에서 의식과 무의식의 갈등에서 일어나는 신경증이다. 이런 신경증은 정신 내부로부터 발생한다는 점에서 정신신경증이라고 부른다. 보통 신경증은 외상 즉 끔찍한 사건을 경험하며 일어나는데, 이런 신경증은 심리적 갈등이 없으므로 치료하기 위해 무의식을 탐구할 필요가 없을 것이다.

프로이트는 정신신경증의 증상은 무의식적 성적 욕망 충족의 대체물이라고 이해한다. 특정한 성적 욕망이 좌절되면 사람들은 그것의 대체물을 찾는다. 그것은 다른 연애 대상이거나 성도착 행위일 수도 있고, 학문이나 예술, 종교처럼 전혀 성격이 다른 정신활동일 수도 있다. 이와 달리, 신경증 환자는 증상을 개발하여 그것으로 성적 만족을 얻으려고 한다. 그런데 그는 자신이 무엇을 추구하는지 모른다.

증상은 아프고 고통스럽다. 그런데 그것이 성적 만족의 대용품이라니, 일반적 성의 개념으로는 그 주장은 매우 혼란스럽다. 프로이트는 성의 개념을 아주 넓게 사용한다. 성의 개념을 새롭게 파악하지 않으면 증상과 성의 관계를 이해할 수 없다고 보고 프로이트는 인간의 성생활을 연구한다. 이것이 네 번째 주제이다. 프로이트는 인간의 성생활은 올챙이가 개구리가 되듯이, 아이가 어른으로 자라면서 매우 다른 형태로 발전한다는 점을 밝혀낸다. 성생활에서도 의식과 무의식의 충돌이 발전의 원동력이다.

실수, 꿈, 신경증, 성생활의 공통점은 하나이다. 그것은 모두 의식과 무의식의 상호관계를 통하여 일어난다. 이것을 '의식과 무의식의 변증법'이라고 불러도 좋을 것이다. 이제 인간의 정신은 '의식과 무의식의 변증법'이라는 새로운 차원에서 보이기 시작한다. 정신분석이 등장하기 이전까지 2,500년 철학사 어디에서도 이런 관점에서 인간사에 접근한 적이 없다. 프로이트는 '의식과 무의식의 변증법'의 관점에서 인간의 근본적 욕망과 정신의 구조를 새롭게 파악하려고 한다. 이것들이 다섯 번째, 그리고 마지막 여섯 번째 주제이다.

1.
왜 우리는 이름을 망각하는가?

프로이트는 1909년 미국 매사추세츠Massachusetts주의 클라크 대학Clark University에 정신분석으로 신세계를 정복하기 위하여 갔다. 동행한 사람 중 한 명은 칼 융Carl Gustav Jung이었다. 프로이트는 이보다 약 10년 전 『꿈의 해석』이란 저서에서 무의식의 영역을 인간의 정신세계에 도입했다. 우리가 보통 정신이라고 알고 있는 것은 사실상 의식이며 이것의 아래에 의식이 접근하지 못하는 무의식의 영역이 있고 거기서 충동의 가마솥이 활활 타오르고 있다. 그 충동은 대개 프로이트가 리비도libido라고 명명한 성적 에너지이다. 그런 충동은 사회에서 주입한 도덕 때문에 억제되어 있으나 실수, 꿈, 신경증, 종교, 도덕, 예술 등으로 표

아랫줄 왼쪽은 프로이트, 아랫줄 중앙은 초청자인 스탠리 홀(Stanley Hal), 아랫줄 오른쪽은 칼 융이다.

출된다.

프로이트는 클라크 대학에서 5번 강의했다. 청중에는 하버드 대학 교수 윌리엄 제임스William James도 있었다. 그는 프로이트와 헤어지면서 이렇게 말했다. "정신분석의 미래는 귀하의 작업에 달려 있습니다."[1] 제임스 교수의 지적은 옳았다.

영화 〈인사이드 아웃〉의 무의식

정신분석은 암흑의 무의식이 인간의 정신에 존재한다는 견

---

1 https://www.scientificamerican.com/article/the-brains-autopilot-mechanism-steers-consciousness/

해를 널리 퍼뜨렸다. 인간은 그들 자신이 통제할 수 없는 어두운 감정적 힘에 의해 추동된다고 사람들은 믿기 시작했다. 암흑의 무의식이란 관념은 2015년 픽사Pixar의 영화 〈인사이드 아웃Inside Out〉에서도 확인할 수 있다. 여기서 라일리Riley라는 이름의 소녀는 다섯 가지 마음의 힘이 모여 있는 본부로부터 통제되고 있다. 그것은 기쁨, 슬픔, 공포, 혐오 그리고 분노인데, 이것들의 경험 중 일부가 잠재의식으로 떨어지면 망각된다. 11살 소녀 라일리는 미네소타에서 샌프란시스코로 전학하여 친구들과 헤어지는 고통을 겪는다. 새로운 학교에서 하키 팀 입단을 위해 테스트를 받다가 실수를 하자 라일리는 스틱을 던지고 집으로 돌아온다. 그날 밤 라일리의 기억 속으로부터 기쁨의 경험이 잠재의식subconscious으로 굴러떨어져 망각되자(즉 기쁨을 의식하지 못하게 되자) 그녀는 미네소타로 돌아가려고 결심한다. 라일리의 정신은 본부headquarter와 잠재의식의 두 영역으로 구성되어 있다. 정신분석적 용어로 말하자면, 본부는 의식이며 잠재의식은 무의식이다.

라일리는 이제 기쁨이 없다. 그것이 무의식의 영역으로 들어갔기 때문이다. 라일리는 어머니의 신용카드를 핸드백에서 몰래 꺼내 표를 사서 미네소타로 가는 버스를 탄다. 버스는 출발하고 얼마 후 슬픔과 기쁨의 경험이 다시 본부로 돌아온다. 그때 라일리는 부모와 헤어지는 슬픔을 느끼고 과거의 즐거운 경험을 기억하며 집으로 돌아가기 위해 운전기사에게 차를 세워달라고 부탁한다.

정신분석적 관점에서 보면 인간의 정신은 의식과 무의식, 두 영역으로 나뉘어 있다. 의식의 경험 중 일부는 무의식으로 추방되고, 무의식에 속한 어떤 경험은 다시 의식으로 올라간다. 그런데 영화 〈인사이드 아웃〉처럼 그렇게 극적으로 말끔하게는 의식으로 들어가지 못한다. 대개 무의식은 분석이란 고된 과정을 거쳐 의식된다.

일시적 망각

무의식이 의식에 나타난 현상은 무의식의 발현물이다. 그것은 실수, 꿈 그리고 신경증 같은 것들이다. 프로이트는 나중에 종교, 예술, 도덕, 법률과 같은 사회문화현상에서도 무의식의 발현을 발견한다. 여기서 먼저 망각의 현상을 다루고자 한다.

가끔 사람들은 갑자기 지명이나 인명을 망각할 때가 있다. 이 때 다수의 이름이 떠오르는데 본인은 그것이 틀렸다는 것을 안다. 이런 망각 현상은 무의식의 발현물일 수 있다. 프로이트는 『일상생활의 정신병리학Zur Psychopathologie des Alltagslebens. GW 4』에서 그런 종류의 망각을 탐구한다.

프로이트는 자동차 안에서 동행과 대화를 나누다가 사람 이름 하나를 잊어버렸다(GW 4, 6-7). 프로이트는 오르비에토Orvieto 성당의 프레스코화를 그린 거장 화가의 이름이 갑자기 생각나지 않았던 것이다. 프레스코화의 작품명은 〈최후의 네 가지 일〉이며, 작가의 이름은 시뇨렐리Luca Signorelli이다. 프로이트는 이 이름을 기억해 내려고 하였지만 자꾸 실패하고 대신 다른 화가의 이름들이 떠오른다. 보티첼리Sandro Botticelli와 볼트라피오Giovanni Antonio Boltraffio. 그는 즉각 이것이 틀렸다는 점을 알아차렸다. 나중에 그가 다른 사람으로부터 올바른 이름을 들었을 때 그것이 맞다는 점을 즉각 인정했다.

'시뇨렐리'라는 이름에 어떤 특별한 점이 있던 것은 아니다. 프로이트에게 그 이름은 친숙했다. 이름의 망각이 일어난 사건도 별로 대단하지 않다. 프로이트는 낯선 사람과 함께 헤르체고비나Herzegovina로 자동차를 타고 여행하던 중이었다. 이런저런 얘기를 나누다가 주제는 이탈리아 여행으로 넘어갔다. 프로이트는 동행에게 물었다. 오르비에토에 간 적이 있는지, 그 유명한 '아무개의' 프레스코화를 본 적이 있는지?[2] 이때 프레스코화를 그린 화가의 이름이 떠오르지 않았다.

이 화제 직전에 어떤 이야기를 하고 있었는지 프로이트는 회상하며 이름 망각 현상을 해명하는 단서를 잡았다. 직전의 화제가 다음의 화제를 방해한 것이다. 직전에 그들은 '보스니아와 헤르체고비나Bosnia and Herzegovina'에 살고 있는 터키인에 관해 얘기하고 있었다. 프로이트는 터키 사람들의 관습에 대해 헤르체고비나에서 일하는 동료로부터 들었다고 동행에게 말했다. 터키인은 의사를 확실하게 믿고, 운명도 확실하게 단념한다. 터키인 환자에게 회복 가능성이 없다는 점을 알려 주면, 그들은 말한다. "선생님헤르/Herr, 제가 할 말이 뭐가 있겠습니까? 저는 알고 있습니다. 선생님께서 환자를 구할 수 있었다면, 구했을 것입니다."

---

2 독일어에서는 문법 구조 상 '그 유명한 프레스코화' 다음에 이름이 나온다.

이 이야기를 하면서 프로이트는 터키인에 관한 두 번째 일화를 얘기하고 싶었다. 터키인들은 성적 향유를 그 무엇보다도 높이 평가한다. 성적 장애가 일어나면 그들은 죽을 병이라도 생긴 것처럼 절망에 빠져들어 간다. "헤르(선생님), 그것이 더 이상 안 되면 인생은 아무 가치가 없습니다." 프로이트는 이 일화를 동행에게 알려 주고 싶은 마음을 억눌렀다unterdrücken/suppress. 낯선 사람과 이런 민감한 주제를 이야기하기 싫었던 것이다. 프로이트는 성에 관한 화제에서 벗어나기 위해 관심을 다른 곳, 이탈리아 여행으로 돌려 프레스코화를 언급하다가 작가의 이름을 잊어버린 것이다.

성의 화제를 억누르다가 화가의 이름을 잊어버렸다

성에 관한 주제를 회피하는 것과 작가의 이름을 잊어버린 것은 무슨 관련이 있는가? 프로이트는 억제된 성에 관한 주제와 화가의 이름 사이의 연관을 찾아낸다(GW 4, 9). 프로이트의 통찰은 화가의 이름 '시뇨렐리'가 그가 억제하고자 하는 주제(성의 화제)에 들어 있기 때문에 그것을 억제하다가 그 이름마저 잊어버린 것이라고 분석한다.

프로이트가 기억하고자 하는 이름은 시뇨렐리이다. 이것은 두 개의 조각으로 나뉜다: Signor+elli. 앞부분 이탈리아어 '시뇰 Signor'은 독일어로 번역하면 '헤르Herr'이다. 헤르는 '헤르체고비 나와 보스니아Herzegovina and Bosnia'에 들어 있다.

망각에는 망각하고자 하는 동기가 숨어 있다. 물론 프로이트 는 '시뇨렐리'라는 화가의 이름을 기억하고 싶어 한다. 그러면 서 동시에 그는 그 이름을 망각하고 싶어 한다. 이름 일부가 억 제하고자 하는 화제에 들어 있기 때문이다. 프로이트는 망각에 의도가 있다는 점을 발견한다(GW 4, 8). 기억력이 닳아서 망각 하는 것이 아니라 망각해야 할 이유가 있기 때문에, 망각하고 싶어서 망각한다는 것이다. 좀 더 엄밀하게 말하면, 프로이트 가 잊고 싶어 하는 것은 화가의 이름 자체가 아니라 그 이름이 포함된 성에 관한 화제이다. 그가 잊고 싶은 것은 성적 욕망에 관한 사고이다.

프로이트 역시 터키인처럼 성적 욕망이 인간의 기본적 충동 이라고 여기고 있다. 그런데 이 생각은 인간의 지위를 동물로 격하하는 것이라고 대중은 생각한다. 프로이트는 성에 관한 자신의 견해를 그 상황에서 표출하기가 거북했고, 그와 관련된 주제를 말하고 싶지 않았다. 그는 그 생각을 억누르려고 화제를 다른 데로 돌려 오르비에토의 프레스코화 작품에 관해 대화를 시작했다. 우리도 이런 목적으로 화제 전환을 시도한다. 그러나 이전 화제에 대한 억제가 계속 살아남아 새로운 화제의 대화를 교란한다. 이전의 화제와 새로운 화제가 어떤 유사성의 관계가 있기 때문에 프로이트는 화가의 이름을 기억하지 못했던 것이다.

영어로 남자의 존칭어 미스터Mr.는 이탈리아어로 시뇰Signor, 독일어로는 헤르Herr이다. '헤르'는 터키인이 성적 욕망을 높이 평가하는 말에서 등장한다. "의사 선생님Herr, …" 이 말을 프로이트는 '헤르체고비나와 보스니아'에 일하는 의사 동료로부터 들었다. '헤르체고비나와 보스니아'는 동일 지역인 듯이 언급된다. '헤르'라는 단어는 프로이트가 억압하려고 하는 주제에 포함되어 있어서, 그 단어가 들어간 화가 이름 '시뇨렐리'가 기억나지 않았던 것이다.

그런데 교란의 힘은 완벽하지는 않다. 만약 성적 욕망에 관한 사고를 프로이트가 충분히 억제하고 있었다면, 다음 이어지

'Herr'는 '죽음과 성'의 주제에 들어 있다.

억눌린 사고

는 화제에서 그는 화가의 이름을 전혀 기억해 내지 못했을 것이다. 그런데 프로이트는 시뇨렐리 대신 '보티첼리'와 '볼트라피오'라는 이름은 기억해 낸다. 이것들은 대체 이름Ersatzname/substitute name이다. '시뇨렐리'의 후반부인 '엘리elli'는 대체 이름 '보티첼리Boticelli'에, '헤르체고비나와 <u>보스니아</u>'는 '볼트라피오 Boltraffio'에 나온다. 프로이트는 두 가지 상반적 힘의 긴장 속에 있다(GW 4, 9). '시뇨렐리'라는 이름을 기억하고자 하는 힘, 그리고 그것과 연상적 결속관계에 있는 성에 관한 사고를 망각하고자 하는 힘, 두 힘이 타협하여 '보티첼리'와 '볼트라피오'라는 대

체 이름을 떠올린 것이다. 대체 이름은 대립하는 두 힘 사이의
타협책인 것이다.

기억하고자 하는 의도와 망각하고자 하는 의도의 충돌

프로이트는 이름 망각의 과정을 이렇게 정리한다. 이름을 회
상하고자 하는 의도를 방해하는 작용이 있기 때문에 이름을 망
각하는 것이다. 방해 작용은 그 당시(이름을 기억하지 못하던 상황)
에는 의식되지 않는다. 방해 작용은 무의식의 영역에서 일어나
고 있는 것이다. 교란되는 작용, 즉 기억하고자 하는 작용을 A,
그리고 교란하는 즉 기억을 방해하는 작용을 B라고 하자. 앞의
사례에서 A는 '시뇨렐리'라는 이름을 기억하고자 하는 과정이
며, B는 성에 관한 화제를 억제하고자 하는 과정이다. A와 B가
어떤 연관이 있어서 A가 방해를 받는 것이다(GW 4, 47-48). '시뇨
렐리'의 일부는 B에 포함되어 있다.

망각, 특히 이름 망각의 원인은 대뇌의 순환장애나 기능장애
가 아닌가? 사람들은 편두통에 시달릴 때는 이름을 잘 기억하
지 못한다. 그러면 망각 현상을 설명하기 위해 심리학적 분석

은 필요 없지 않은가? 그러나 프로이트는 모든 경우에 동일하게 일어나는 메커니즘과 가끔씩 일어나는 우연적인 조건을 혼동해서는 안 된다는 점을 강조한다(GW 4, 27-28).

그는 다음 상황을 상상해 보자고 제안한다. 나는 대도시에서 인적이 드문 지역을 밤중에 산책하다가 강도를 만나 시계와 지갑을 털렸다. 근처 치안센터에 들어가 이렇게 신고한다: "저는 어느 거리를 걸었습니다. 적막함과 어둠이 내 시계와 지갑을 빼앗아 갔습니다." 이 신고는 정확하지 않아 다음처럼 수정해야 한다. "미지의 범인은 적막함과 어둠을 활용하여 저의 귀중품을 강탈했습니다." 프로이트는 고유명사의 망각 사태와 이 상황은 다르지 않다고 말한다. 피로, 순환장애, 중독 등의 혜택을 입고 어떤 미지의 심리적 세력unbekannte psychische Macht이 고유명사를 기억하는 기능을 빼앗아 갔다. 의식이 알지 못하는 미지의 심리적 세력이 바로 무의식이다.

이름 망각의 경우, 그 이름들은 특정 주제와 연관성을 가지고 있다. 그 주제는 강렬하고 고통스런 정서를 불러일으킬 수 있다. 프로이트는 융의 취리히학파Züriche Schule의 표현 방식을 모방하여 이렇게 말한다(GW 4, 28). "망각되는 이름은 나에게 내재하는 개인적 콤플렉스der persönliche Komplex를 건드렸다." 개인적 콤플렉스란 이 경우 성에 관한 화제를 언급하고 싶지 않게 하는 여러 가지 개인적 경험이나 심정의 상태이다.

교란의 동기 중에서 이름을 기억함으로써 일어나는 불쾌를 회피하기 위한 의도가 뚜렷하다. 이름 자체가 불편함을 불러오든지, 아니면 이름이 불편함을 불러오는 다른 어떤 것과 연관을 맺고 있든지, 어쨌든 불편한 것이다. 시뇨렐리라는 이름 자체는 프로이트에게 불편하지 않았다. 그러나 그것은 그가 타인을 불편하게 할까 봐 억제하고자 하는 화제에 포함되어 있었다.

망각은 무의식의 발현이다

이름 자체가 불편하기 때문에 이름의 망각이 일어날 수도 있다. 다음은 칼 융의 사례이다(GW 4, 31-32).

Y는 한 여자를 사랑했지만 진전을 보지 못했다. 얼마 후 여자는 X라는 남자와 결혼했다. Y는 X를 상당 기간 동안 알고 지냈

지만, 자꾸 X의 이름을 잊어버렸다. 이 경우에 망각의 동기가 선명하다. 여기서 망각의 동기는 경쟁 남자 X에 대한 Y의 혐오이다. Y는 X에 대해 아무것도 알고 싶지 않다. 그에 관해 어떤 것도 생각하기 싫다. 알면 불편하기 때문이다.

프로이트는 어떤 남자의 고유명사 망각 사례를 다시 언급한다(GW 4, 33-34). 철학 시험을 칠 때 시험관이 에피쿠로스의 학설에 관해 질문하고 나서, 그에게 후대에 누가 그 철학자의 학설을 수용했느냐고 물었다. 그는 피에르 가상디Pierre Gassendi라고 대답했다. 그는 이 이름을 이틀 전 어느 카페에서 옆자리에 앉은 사람들이 얘기하는 것으로부터 들었다. 시험관은 그에게 어느 책에서 피에르 가상디가 에피쿠로스의 후계자라는 사실을 읽었느냐고 물었다. 그는 당황했다. 그는 오래전부터 가상디에 흥미가 있었다고 거짓으로 답변했다. 올바른 답변 덕택에 그는 우수자로 졸업했다. 그 후 그는 가상디의 이름을 자꾸 잊어버렸다. 거짓말을 한 데 대한 양심의 가책 때문에 이름을 기억하지 못하게 된 것이다. 그는 시험을 칠 때 가상디에 관해 알지 못하면서도 오래전부터 아는 척하여 좋은 점수를 받았기 때문이다.

일시적 이름 망각의 메커니즘에는 무의식의 작용이 포함되어 있다. 망각은 이름을 회상하고자 하는 의도와 방해하는 작용의 충돌 때문에 일어난다. 그런데 방해 작용은 그 당시, 즉 이름을 기억하지 못하던 상황에는 당사자가 의식하지 못한다. 이름 망각 현상은 이런 점에서 무의식의 발현인 것이다.

불편을 피하기 위해 사고를 망각한다

이런 과정은 이름 망각뿐 아니라 사고의 일시적 망각에도 적용될 수 있다. 프로이트는 동료 페렌치Sandor Ferenci의 분석을 인용한다. 페렌치는 부다페스트에서 활동하고 있었다(GW 4, 25-26). 페렌치의 어떤 고객은 모임에서 이해와 용서에 관한 대화에 참여하였다. 그는 인간은 누구나 동물적 성향이 있다는 점을 말하려고 하다가 말을 잊어버렸다. 원래 이 생각은 친구 중 젊은 여자하고 결혼한 사람을 그가 비꼬는 과정에서 탄생했는데, 그가 바로 이 말을 하려고 하였을 때 그 친구의 아내인 젊은 여자가 모임에 참석하고 있는 것을 보았다. 만약 "인간은 누구나 동물이다"라는 식의 말을 했다면, 그 친구의 아내는 동물적 욕망 때문에 남편으로부터 선택된 존재가 되어 버리고 만다. "아니 내 남편이 나를 성적 욕망 때문에 선택했다고, 말도 안 돼!" 그 여자는 이렇게 분노하면서 그 사람(화자, 즉 페렌치의 고객)에게 이런저런 공격적 질문을 던질지도 모른다. 그는 인간의 동물성에 관한 생각을 일시적으로 망각함으로써 불필요한 토론을 피하였다. 이것이 망각의 동기이다. 망각은 단순히 기억의 장애로 일어나는 수동적 상태가 아니라, 어떤 목표를 적극적으로 달성하고자 하는 능동적 활동이다. 그것은 개인적 콤플렉스일 수도 있고, 단순히 불편한 상황일 수도 있다.

2.

실수행위의 심리학

　국회의장이 개회사에서 다음과 같이 말했다. "본인은 의원 여러분의 출석을 확인하면서 이 회의의 폐회를 선언합니다"(GW 11, 27). 그는 곧 실수를 정정하여 개회를 선언한다고 하였을 것이며, 사람들은 여기에 관해 별다른 관심을 기울이지 않을 것이다. 그러나 프로이트는 다르다. 그는 이렇게 시시하게 보이고 누구나 범하는 실수에 중요한 심리적 의미가 있다고 보고 그것을 분석한다.

　말실수에도 어떤 의미가 있다. 그 의미란 말실수를 통하여 화자가 이루고자 하는 목적을 말한다(GW 11, 28). 국회의장이 개회하면서 폐회를 선언해 버리는 실착의 의미는 실착이 일어난 상황을 알면 이해할 수 있다. 그는 그 회의에서 좋은 일을 전혀 기대할 수 없었기 때문에 회의를 폐회시켜 버리고 싶었던 것이다. 이런 경우 말실수의 의미는 분명하지만 그렇지 않을 때도 많다.

'가이스트(지혜)'를 '가이츠(탐욕)'로 잘못 말하기

프로이트는 어떤 여자 환자를 분석하면서 이런 추측을 했다. 그녀는 과거에 가족을 수치스럽게 생각하고, 아버지를 비난했었다. 그러나 그녀는 그런 것을 전혀 기억하지 못하고 오히려 프로이트의 추측이 틀렸다고 선언했다. 그런데 그녀는 가족에 관해 언급할 때 말실수를 했다. "우리 가족은 가이츠Geiz(탐욕)를, 아니 가이스트Geist(지혜)를 갖추고 있습니다"(GW 4, 72-73). 독일어 '가이스트'와 '가이츠'는 소리가 비슷하다. 그래서 보통 사람들은 실수의 원인이 소리의 유사성 때문이라고만 여길 것이다. 프로이트 역시 그 점을 부정하는 것은 아니지만, 그것보다 더욱 중요한 원인이 따로 있다는 점을 본다. 왜 환자는 '가이스트(지혜)'를 하필 '가이츠(탐욕)'라고 잘못 말했을까? 그녀는 가족이

탐욕스럽다고 생각하고 있었지만, 이것을 억제하고 있었던 것이다. 그러나 억제의 힘이 완벽하지 않아 그 억눌린 생각이 말실수 속에 표출되고 말았다.

위의 사례에서 환자는 자신이 억누르고 있는 생각이 무엇인지 알지 못할 것이다. 만약 프로이트가 그녀에게 "당신은 가족들에 대해 부정적 생각을 평소에 품고 있었지요?"라고 물으면, 그녀는 펄쩍 뛰면서 그렇지 않다고 답하며, 그것은 단순한 실수라고 주장할 것이다. 다음의 사례는 실수행위자 자신도 말하고 싶었지만 억눌렀던 무언가가 있었음을 인정할 만한 것이다.

'하우제(집)'를 '호제(팬티)'로 잘못 말하기

한 젊은 여자가 여행 중에 불편한 점을 다음과 같이 말한다 (GW 4, 73). "태양 아래 하루 종일 걸으면 블라우스와 속치마가 땀에 젖어 쾌적하지 못하다… '호제Hose(팬티)'로 가서 옷을 갈아입으면…" 그녀는 '하우제Hause(집)'라고 해야 하는데 그만 '호제'라고 잘못 말했다. 분명 이 여자는 옷 종류를 블라우스, 속치마, 팬티Hose 등으로 좀 더 거론하고 싶은 의도를 가지고 있었다. 그런데 '호제'를 언급하는 것을 그녀는 품위에 어긋난다고 생각하여 억제해야 했다. 그러나 그 억제된 말이 '하우제'라는 비슷한 말이 나오자 그만 의지에 반하여 튀어나와 버렸다. 이렇게 말실수에는 말하고 싶지만 억제해야 하는 어떤 것이 마음 어딘가에 있다.

사람 이름의 혼동

타인의 이름을 혼동하는 것도 일종의 말실수이다. 여기에도 의미가 있음을 프로이트는 지적한다(GW 4, 78). 빈의 의사 슈테켈은 이탈리아 출신의 환자를 두 사람 보고 있었다. 그는 아스콜리에게 "안녕하세요, 펠로니 씨"라 하고, 펠로니에게 "안녕하세요, 아스콜리 씨"라고 자꾸 인사한다. 이런 이름 혼동에도 이유가 있다. 두 사람이 비슷해서가 아니다. 슈테켈은 그렇게 이름을 바꿔 부르면서 허세를 부리고 있었다. "이곳 빈에서 나에게 오는 이탈리아 환자는 당신 한 사람만이 아니다." 이 점을 의사는 떠벌리고 싶은 것이다. 그러나 본인은 자신에게 그런 마음이 있는지 모를 것이다.

어떤 교수는 학생의 이름을 알면서도 틀리게 부르거나 모르는 척한다. 교수는 수강생이 너무 많아 학생 이름을 다 기억할수 없다고 자랑하고 싶은 것이다. 이 경우는 실수라기보다 실수인 척하면서 잘난 척하는 것이다.

프로이트는 정신치료를 통하여 신경증 증상을 해소하고 제거하는 일을 한다. 이때 환자의 말실수로부터 환자의 속마음을 짐작한다. 말실수에는 환자가 억제하려고 하는, 어쩌면 환자 자신도 모르는 어떤 사고가 숨어 있기 때문이다. 정신분석은 말실수에서 환자의 복합적 심리를 파악하는 데 유용한 도움을 얻는다.

이름의 왜곡

타인의 이름을 왜곡하는 것은 모욕에 해당할 수 있다. 어떤 사람은 브로이어Breuer라는 이름 바로 앞에서 프로이트Freud를 언급할 때 프로이트라고 하지 않고 '프로이더Freuder'라고 불렀다 (GW 4, 93). 이것은 프로이트와 브로이어를 합한 새로운 이름이다. 그는 한 번은 '브로이어-프로이트적 방법' 대신 '프로이어-

브로이트적' 방법이라고 했다. 이름의 왜곡에서 우리는 이 사람은 정신분석에 관해 호의적 자세가 아니라는 점을 추리할 수 있다. 만약 그가 일부러 그렇게 말했다면 실수하는 척하면서 정신분석에 관한 경멸을 표현하는 것이다.

프로이트는 귀족계층의 사람들이 그들을 상담한 의사의 이름을 특히 자주 왜곡한다는 점에 주목한다. 여기에서 그들이 의사를 만날 때 예의를 갖추지만 실제로는 의사를 내심 낮추어 보고 있다는 점을 알 수 있다. 그들은 상담 의사를 존경하고 있다고 주장하며, 실제로 본인도 그렇게 믿을지도 모른다. 그러나 이름의 왜곡이라는 실수 속에는 의사를 경시하는 그들의 숨은 의도가 표출되고 있는 것이다. 귀족들은 의사를 경멸하고 싶은 의도를 가지고 있으며 예의상 그것을 억누르고 있다. 그런데 그 억제가 완전하지 않아서 이름을 잘못 부르는 실수를 통하여 숨은 의도가 드러나는 것이다.

이름 망각은 분노를 일으킨다

사람들은 그들의 이름이 망각되었다는 점을 발견하면 대

개 분노를 참기 어렵다. 특히 자신의 이름을 기억할 것이라고 믿고 있던 사람들에게서는 더욱 그렇다. 미국의 NBC 드라마 〈The Good Place〉에서 등장인물 타하니Tahani는 유언장에서 자신의 이름이 타히니Tahini라고 잘못 쓰여 있다는 것을 변호사로부터 듣고 큰 충격과 분노에 사로잡힌다. 부모님이 내 이름을 착각하다니? 사람들은 그들이 타인의 마음에 더 강렬한 인상을 남겼더라면, 그들의 이름은 기억되었을 것이라고 본능적으로 깨닫는다. 타하니는 부모로부터 자신이 사랑받았다면 부모가 이름을 틀리게 쓸 수 없었을 것이라고 확신하는 것이다. 이름은 인격을 구성하는 일부이기 때문이다. 반대로 사람들은 대개 타인이 특히 고위층 인사가 자신의 이름을 기억해 줄 때 굉장히 우쭐대는 느낌이 든다.

이름을 망각하는 척하는 것보다 더 확실하게 상대에게 모욕을 주는 방법은 없다. 어떤 사람의 이름을 우리가 잊어버린 척하면 우리 눈에 그는 중요하지 않아서 이름을 외우려 애쓸 필요가 없다는 암시를 그에게 준다. 이런 책략은 문학에서 활용된다(GW 4, 93-94). 투르게네프Ivan Turgenev의 소설 『연기Rauch』에 이런 구절이 나온다. "아마도 당신은 바덴Baden이 마음에 들 것입니다. 음음 리트비노프Litvinov 씨." 라트미로프Ratmirov는 리트비노프의 이름을 마치 잊어버린 것처럼 주저하며 말한다. 이렇게 하여 라트미로프는 거만한 태도로 리트비노프의 자존심에 상처를 준다.

투르게네프는 『아버지와 아들Ottsy i deti』에서 이렇게 쓴다. "도지사는 키르사노프Kirsanov와 바자로프Bazarov를 무도회에 초대했다. 몇 분 후 그들을 형제라고 간주하고는 키사로프Kisarov라고 불렀다." 도지사는 그들을 초대했다는 점을 망각하고, 이름을 잘못 부르고, 그들을 구별하지 못한다. 이것은 폄하의 극치이다. 이름을 왜곡하는 것은 이름을 망각하는 것과 같은 의미를 가지고 있다.

망각의 의미

정신분석가뿐만 아니라 보통 사람들도 망각에는 어떤 의미가 있음을 알고 있다. 누가 어떤 일을 망각했다면, 그것은 그가 그 일을 중요하게 취급하려고 하지 않거나, 중요성을 거부하려는 신호라고 해석할 수 있다. 다음의 사례를 보자.

주부가 집에 손님이 오자 이렇게 말한다. "오늘이 오시기로 한 날인가요? 당신을 오늘 초대했다는 것을 완전히 잊어버렸네요"(GW 11, 47). 주부는 손님 초대를 시시한 일로 여기고 있거나, 초대하기를 원하지 않았을 수도 있다. 그런 마음 때문에 날짜를 망각한 것이다. 누구나 참석하고 싶지 않은 약속 날짜는 자주 잊어버리는 경험이 있을 것이다.

데이트 약속을 잊고 남자는 장소에 나가지 않았다. 남자는 여자에게 그만 약속을 망각했다고 변명해도 소용이 없다. 여자는 이렇게 응답할 것이다. "1년 전이라면 너는 약속을 잊지 않았을 것이다. 너는 나에게 더 이상 끌리지 않는 것이다." 남자가 일이 너무 바빠 약속을 잊었다고 변명을 하더라도 여자는 이렇게 반박할 것이다. "전에는 그렇게 일이 바쁘지 않았나?"(GW 4, 169) 연애 관계에서 여자는 의도 없이 그냥 잊어버리는 가능성을 고려하지 않고, 모든 망각을 의도적 망각이라고 간주하는 것이다. 연애 관계의 여자와 비슷하게, 정신분석은 망각현상을 이해한다.

어떤 부인은 웨딩드레스를 맞추고 입어 보는 일을 망각했다가 결혼 전날 저녁 8시가 되어서야 기억했다(GW 4, 227). 부인은 결혼의 상징인 웨딩드레스를 입는 일이 고통스러워 그 일을 잊고 싶어 했다. 부인은 결혼하고 싶시 않은 의도가 있었고 그것을 억압하고 있었다. 그것이 웨딩드레스를 입어 보는 약속의 망각으로 표출된 것이다. 프로이트는 결국 부인은 이혼했다고 보고한다.

어떤 일을 해야 하는데 그것을 잊었다면 그렇게 하고 싶지 않은 반대 의도가 있었던 것이다. 결혼하기를 싫어한 남자는 여행 도중 실수로 아내를 혼자 떠나보낸다. 오시포브Ossipow는 러시아의 조그만 도시에서 젊은 아내와 결혼하고 그녀와 함께 곧장 모스크바를 향하여 출발했다(GW 4, 287). 도착하기 2시간 전 기차는 시골역에 일단 정지했다. 그는 역 바깥으로 나가 도시를 둘러보고 싶었다. 기차가 그러기에 충분한 시간 동안 정차하고 있다고 그는 믿었다. 그가 몇 분 늦게 돌아왔을 때 기차는 이미 아내를 싣고 출발해 버렸다. 집에 도착하여 그가 이 이야기를 늙은 가정부에게 하였더니, 그녀는 고개를 흔들며 단언했다. "이 결혼에서 하나도 깔끔한 것이 없을 것입니다." 이때 오시포브는 그 예언을 조롱했다. 그러나 5개월이 지나 아내와 이혼한 후, 그의 행동을 회고해 보니 기차를 떠나보낸 일은 결혼을 반대하는 무의식적 항의라고 이해하게 되었다. 다음은 모임 날짜를 잊어버리는 사례이다.

어떤 작가는 한 문학 단체의 위원회에 위원으로 선출되었다 (GW 4, 256-257). 그 단체는 그에게 별 관심을 끌지는 않았지만, 그가 쓴 희곡을 상연하는 데 이 단체가 언젠가 도움이 될 것 같아 매주 금요일 모임에 빠지지 않고 참석했다. 그런데 F시에서 그의 희곡을 무대에 올린다는 확답을 몇 달 전에 받은 이후로 그는 모임 날짜를 매번 망각했다. 망각의 메커니즘에 관한 정신분석적 견해를 알고 나니 그는 수치스러워졌다. 그 모임이 그에게 필요하지 않게 되자 모임 날짜를 잊어버렸다는 것을 깨달은 것이다. 그는 다음 금요일 모임에는 반드시 참석하겠다고 결심하고 재차 다짐했다. 드디어 회의실 문 앞에 도착했다. 그런데 문은 잠겨 있었다. 그는 모임 날짜를 기억하는 데 착오를 범한 것이다. 그날은 토요일이었다. 이미 회의는 지나갔다.

분실의 의미

분실 행위에도 의미가 있다. 그것은 분실된 대상에 관한 낮은 평가의 표출이거나, 그 물건 또는 그 물건을 준 사람에 관한 혐오의 표출이다. 아니면 분실 물건이 다른 더욱 의미 있는 대상과 상징적 연관성을 갖기 때문에 원래 물건을 분실하고 싶을 수도 있다.

신혼여행에서 부인이 결혼반지를 잃었다면, 좋은 출발이 아니다(GW 4, 226-227). 어떤 이혼녀는 결혼 당시 재산 서류에 서명할 때 처녀 시절 이름을 적었다고 한다. 몇 년 후 실제로 그녀는 이혼하여 처녀 시절 이름을 되찾았다.

그녀는 최근 결혼한 신혼부부 집에 초대받았다. 부인은 깔깔거리면서 이런 얘기를 했다. 부인은 신혼여행에서 돌아온 다음 남편이 출근하고 나서 여동생과 만나 쇼핑하러 갔다. 거리 맞은편에서 어떤 남자가 걸어가고 있었다. 부인은 여동생에게 소리 질렀다. "봐, 저기 F씨가 가네." 그 남자가 몇 주 전 결혼한 남편이라는 사실을 부인은 그 순간 망각했던 것이다. 이 부부도 이혼했다.

물건 손상의 메커니즘

물건 손상도 숨은 의도가 있다. 프로이트는 젊은 기술자의 이야기를 서술한다(GW 4, 192-193). 몇 년 전, 한 기술자는 몇몇 동료와 대학교 실험실에서 일련의 복잡한 탄성실험을 하고 있었다. 작업은 예상보다 많은 시간을 요구했다. 어느 날 그가 동료 F와 실험실로 가고 있을 때 동료는 불평을 털어 놓았다. "오늘 집에 할 일이 많은데 실험에 이렇게 시간이 많이 들다니." 그는 동료에게 동조하며 반쯤 농담조로 지난주의 사건을 언급했다. "기계가 다시 고장나서 작업을 중단하고 일찍 집에 가면 좋겠어." 일을 분담하며 F는 압축기의 밸브를 조종하는 일을 맡았다. 즉 F는 밸브를 조심스럽게 열어, 축전지로부터 흘러나오는 유액을 압축기의 실린더로 들어오게 한다. 압력계 옆에는 실험 지도자가 서서 압력이 맞으면 '정지'라고 소리 지른다. 이 명령에 따라 F는 밸브를 왼쪽으로 온 힘을 다해 돌려 버렸다. 밸브는 예외 없이 오른쪽으로 돌려야 잠기게 되어 있다. 축전지의 압력이 압축기에 갑자기 작용하게 되자, 배관이 대비가 되지 않아 터져 버렸다. 그들은 일을 중단하고 집으로 갔다.

프로이트는 자신이 잉크병을 파괴한 예를 든다(GW 4, 185). 서재에서 그의 잉크병은 대리석 판 위에 놓여 있는데 그 판은 잉크병이 들어갈 수 있도록 움푹 파여 있다. 잉크병 위에는 꼭지가 달린 대리석 뚜껑이 덮여 있고 무엇을 펜으로 적을 때에는 그 뚜껑을 책상 위에 둔다. 그는 글을 쓰다가 손을 서투르게 움직여서 그 뚜껑을 바닥에 떨어뜨렸다. 몇 시간 전에 여동생이 그의 방을 방문했다. "책상이 멋있네. 그런데 잉크병은 책상에 어울리지 않아. 좀 더 이쁜 걸로 바꿔." 프로이트는 여동생을 따라 외출했다가 돌아온 후, 이미 유죄로 선고된 잉크병에 사형을 집행한 것이다.

우연한 착오의 의미

프로이트는 아무런 의도도 없이 이루어지는 듯한 우연한 행동의 실수 속에서도 의미를 발견한다. 그것은 앞의 실수행위와 마찬가지 메커니즘에서 일어난다. 행위자는 어떤 의도를 억누르고 있는데, 그 억제가 충분하지 않아서 행위의 실수를 불러일으키는 것이다.

한 부인이 남편과 함께 휴가지에서 남편의 친구 두 사람과 어울렸다. 그중 한 사람은 부인이 모르는 사람이었고, 한 사람은 모른 척해야만 하는 사람이었다. 그는 부인의 연인이었던 것이다. 모임이 끝나고 부부는 집을 나올 때, 친구 두 사람이 문까지 부부를 배웅했다. 부인은 친구 한 사람과 악수하면서 정중한 인사를 하고 나서, 다른 친구(부인의 연인)의 팔을 잡고는 남편에게 정중한 작별인사를 해 버렸다. 남편은 부인이 장난치는 줄 알고, 모자를 벗어 과장된 표현으로 작별인사를 했다. 부인은 깜짝 놀라 그 남자의 팔을 놓고 남편에게 돌아왔다. 남편은 부인의 실수를 발견하지 못했다(GW 4, 250-251). 부인의 실수는 연인을 남편이라고 착각한 것이다. 부인은 연인과의 관계를 드러내지 않으려고 억압하고 있었지만, 그 억압이 완벽하지 않아서 관계가 실수 속에 순간적으로 표출되어 버린 것이다.

프로이트는 여행지에서 만난 청년의 실수를 언급한다(GW 4, 234-235). 언젠가 여름 여행 때 프로이트는 호텔에 묵으면서 며칠 동안 길동무를 기다리고 있었다. 그러는 동안에 한 청년을 알게 되었다. 그도 혼자여서 그들은 자주 어울렸다. 그들은 같은 호텔에 체류했기 때문에 늘 식사를 같이 하고 산보도 함께 했다. 3일째 오후, 청년은 갑자기 오늘 저녁 아내가 기차로 도착하기 때문에 마중을 간다고 말했다. 그는 오전부터 평소와 달랐다. 좀 멀리 산책하자는 프로이트의 제안을 그는 거절했고, 어떤 산책길은 가파르고 위험하다며 가려고 하지 않았다. 오후 산책길에서 그는 불쑥 프로이트가 배고파 보인다면서 자기 때문에 저녁 식사를 미루지 말라고 했다. 청년은 아내가 도착한 다음 아내와 함께 저녁을 먹을 참이었던 것이다. 프로이트는 눈치를 채고, 그가 역으로 아내를 맞이하러 간 사이에 혼자서 저녁 식사를 했다. 다음날 아침 호텔 로비에서 그들은 만났다. 청년은 아내를 소개하면서 아침 식사를 함께 하자고 덧붙였다. 프로이트는 뭘 살 게 있어서 바로 근처 가게에 금방 다녀왔다. 프로이트가 식당에 들어가니 부부는 창가 자리에 앉아 있었다. 식탁의 한편에는 부부 둘이 나란히 앉았고, 맞은편에는 의자가 하나밖에 없는데 거기 등받이에 남자의 두꺼운 방수 외투가 걸려서 의자의 바닥을 덮고 있었다. 이 남자가 의도하지는 않았겠지만 의미는 분명했고, 프로이트는 그것을 이해했다. "너에게 자리는 없다. 너는 이제 필요없다."

실수의 메커니즘

말실수, 이름 왜곡, 약속 망각, 물건 분실이나 파손 같은 것은 자주 일어나는 실수행위이다. 이런 것들을 사람들은 우연으로 돌린다. 그러나 프로이트는 그것들에게서 심리적 이유를 탐색한다.

실수행위란 2개의 서로 다른 의도 사이의 간섭의 결과이다 (GW 11, 56). 둘 중 하나는 방해받는 의도이고, 하나는 방해하는 의도이다. 국회의장은 개회의 의도와 폐회의 의도를 동시에 품고 있다. 전자는 방해받는 의도이며, 후자는 방해하는 의도이다. 이 경우 방해하는 의도가 완전히 승리하여 폐회를 선포하게 되었다.

방해하는 의도가 이렇게 완전히 승리하지 못하고 부분적 승리만 거두기도 한다. 젊은 남자가 길에서 여성에게 말을 건다. "당신이 허락하신다면 동반하고 싶습니다." 그는 이렇게 말하려고 했다(GW 4, 77). '동반하다'는 독일어로 '베글라이텐begleiten'이다. 그는 이 단어 대신 '베글라이-디겐begleit-digen'이라고 말하는 실수를 범했다. 이 단어는 사전에도 없는 말이다. '베글라이-디겐begleit-digen은 '베글라이텐(동반하다)'의 앞 부분과 '베라이디겐beleidigen(모독하다)'의 뒷부분을 갖다 붙인 합성어이다. 명백하게도 그는 그 여자를 동반하고 싶었다. 그러면서도 그는 길에서 남자의 제안을 수용하는 여자를 경멸하고 싶은 의도도 가지고 있었다. 이 의도가 방해하는 의도이다. 이 의도는 완전히 승리를 거두지 못하고 방해받는 의도인 '동반하다'와 타협하여 새로운 말을 발화해 버린 것이다. 이 경우 말실수는 방해받는 의도와 방해하는 의도 사이의 타협이다.

여자가 결혼반지를 분실하는 실착 행위도 마찬가지로 두 의도 사이의 타협을 보여 준다. 그녀에게는 결혼을 하고자 하는 의도와 하지 않으려는 의도가 공존하고 있다. 결혼하지 않으려는 것이 방해하는 의도이고, 결혼하려는 의도가 방해받는 의도이다. 방해하는 의도가 완전히 성공했다면 그녀는 아예 결혼하지 않았을 것이다. 두 의도는 충돌하는 데 방해하는 의도가 부분적 성공을 거두어 그녀는 결혼은 하고 반지는 잃어버린다.

드라마 〈The Good Place〉에서도 이런 실착이 나온다. 타하니는 모델 활동을 할 정도로 키가 큰 여자이다. 그녀가 아주 키가 작은 의사 출신의 남자를 소울메이트로 배정받자 그녀는 매우 실망하지만 그것을 억누른다. 타하니는 남자에게 어느 메디컬 '스쿨school'을 졸업했는지 물으려는 질문을 잘못 말하여 어느 메디컬 '쇼트short'를 졸업했냐고 말해 버렸다. 이 경우 키가 작다는 무의식적 불만이 '스쿨'이라고 말하려는 발화행위를 방해하는 의도이다.

실수행위는 심리적 행위이며 거기서 의미와 의도를 인식할 수 있다. 실수는 서로 다른 두 개 의도의 충돌과 간섭을 통하여 성립한다. 그중 하나의 의도는 억제를 경험해야 한다(GW 11. 61). 실수하는 사람은 방해하는 의도를 억눌러 어떤 경우에는 본인도 의식하지 못한다. 프로이트가 여행지에서 만난 청년의 실수에서 청년은 자신의 실수 배후에 놓인 의미를 알지 못할 것이다. 그는 맞은편 의자에 무심코 외투를 걸어 둔 것이지 프로이트를 초대하고 싶지 않아서 그런 것은 아니라고 생각할 것이다. 타하니 역시 실수로 '스쿨'을 '쇼트'라고 말한 것이지 그 남자의 키가 작아서(쇼트) 그렇게 말한 것은 아니라고 주장할 것이다. 이 경우 숨은 의도는 억제되어 의식 밖으로 추방된 것이다. 추방된 의도나 사고가 모여 있는 정신의 영역이 바로 무의식이다.

3.

꿈의 구조: 외현적 꿈과 잠재적 꿈

우리의 심리 활동 중에는 우리가 아는 것도 있고 모르는 것도 있다. 그중 전자는 의식, 후자는 무의식이다. 무의식은 의식되지 못하는 심리 작용이 일어나는 정신의 기관이다. 종래에는 심리와 의식은 동일한 것이었다. 인간은 자신의 정신활동을 모두 알고 있다고 여긴 것이다. 그러나 정신은 두 개의 기관으로 구성되어 있다. 이 점을 정신분석이 발견했다.

무의식은 완전히 접근 불가능한 것은 아니다. 무의식의 심리 활동은 실수, 꿈, 신경증 그리고 사회문화현상 등으로 표출되기 때문이다. 우리가 무의식의 발현물을 주의 깊게 분석하면 무의식을 알아차릴 수 있다. 앞에서 우리는 실수행위를 통하여 어떻게 무의식이 발현하는지 공부했다. 이제 꿈이 무의식의 표출 무대라는 프로이트의 견해를 살펴보자.

프로이트가 꿈을 분석하는 목적과 방법은 실수행위에서와 같다. 목적은 무의식의 존재를 확인하는 것이며, 방법은 역시 자유연상이다. 조금 다르다면 실수행위보다 꿈이 더 복잡하기 때문에 꿈의 분석에서는 꿈을 여러 개의 요소로 나누어 연구하는 것이다.

자유연상

자유연상die freie Assoziation이란 매우 간단한 기술이다(GW 11, 104). 그것은 의사가 환자에게 자신의 행동이나 심리에 관해 설명을 하게 한 후 그 답변을 통하여 환자의 심리를 추리하는 방식이다. 프로이트는 실수행위와 꿈, 신경증을 이해하기 위해 이 방법을 사용한다.

환자가 어떤 말실수를 했다고 하자. 의사는 그에게 왜 어떻게 하여 그런 실수를 하게 되었는지 물어본다. 환자는 자신에게 떠오른 연상 내용을 답하면 의사는 그것을 토대로 실수를 해명하게 된다.

환자가 이해할 수 없는 이상한 내용의 꿈을 꾸었다고 하자. 의사는 환자에게 그 꿈에 대하여 처음 떠오른 생각을 말하라고 요구한다. 환자는 아무런 연상Einfall이 떠오르지 않는다고 주장할 수도 있다. 그러면 의사는 환자에게 틀림없이 무언가 연관된 생각이 떠오를 것이라고 환자에게 답변을 강요한다. 환자는 이런 식으로 말할 수도 있다. "그건 어쩐지 어제 일어난 일인 것 같은데요, 또는 그것은 얼마 전에 일어났던 그 일을 생각하게 하는군요" 등 이런 식으로 말하다 보면 꿈의 요소들이 그 전날 대낮에 경험한 인상과 연결되어 있음을 깨닫게 된다. 그리고 그 경험은 다시 이전의 경험을 연상시킨다. 의사는 자유연상을 통하여 환자가 꿈에서 출발하여 조금 먼 사건으로, 드디어는 아주 먼 사건까지 기억해 내도록 유도한다.

프로이트의 자유연상법은 환자가 자유로운 연상freie Association에 마음을 내맡기도록 의사가 유도하는 것이다(GW 11, 107). 이 기법은 다양한 방식으로 발전한다. 어떤 학자는 피분석자에게 아무런 실마리도 주지 않은 채 이름이나 숫자를 자유롭게 떠올리게 한다. 그리고 그 연상에 관하여 다시 어떤 것을 떠올리게 하여, 이 과정을 계속 진행한다. 그렇게 한 다음 이름이나 숫자 연상과 그것의 동기에 대해 설명한다. 반면 어떤 연구자들은 피실험자에게 특정 단어(이것을 '자극어'라고 부른다)를 주고 그가 그 말에 대해 가능한 한 빨리 반응하게 한다.

자유연상은 더욱 발전하여 환자의 치료뿐 아니라 일반인의 심리 연구에도 활용된다. 어떤 연구자는 피실험자에게 연상을 요구하고 그것에 무언가 눈길을 끄는 것이 있다면 다시 연상을 하게 하여 이전의 연상을 해명하게 한다. 이렇게 하면 피실험자의 심리를 밝혀낼 수 있다고 그들은 믿는 것이다.

자유연상은 심리 과정이 자유라면 별 성과가 없을 것이다. 내가 어떤 단어에 관해 아무것이나 마음대로 연상할 수 있다면, 연상 활동을 통하여 나의 심리 과정을 추리할 수 없는 것이다. 그러나 자유연상 이론가들은 정신의 자유를 부정한다. 프로이트는 환자가 어떤 생각을 떠올린다면 그것은 환자가 마음대로beliebig 만들어 낸 것처럼 보이지만 실제로는 환자 고유의 성격적 특징이나 주변 상황과 긴밀히 연결되어 있다고 믿는다. 그는 인간의 마음은 자유롭게 보이지만 실제로는 어떤 다른 것에 의해 규정되어 있으며, 그것의 관계를 자유연상법이 드러낼 수 있다고 확신하는 것이다.

보통 사람에게는 정신의 자유와 임의성에 대한 뿌리 깊은 신앙이 있다. 그러나 프로이트는 이런 사고는 과학적이지 않다고 본다(GW 11, 104). 심리 생활은 결정론이 지배하고 있다. 프로이트는 정신의 자유는 존재하지 않는다는 점을 입증하기 위해 자유연상의 사례를 하나 든다(GW 11, 105-106).

이것은 이름 연상이다. 프로이트는 남자 한 사람을 치료하고 있던 중 그에게 여자 이름을 모두 떠올려 말하게 하였다. 환자는 바람둥이라서 다양한 여자와 사귄 것을 프로이트가 알았기에, 환자가 엄청난 여자 명단을 제시할 것을 기대하였다. 그러나 놀랍게도 환자는 한참 침묵하더니 '알비네Albine'라는 이름 하나밖에 말하지 못했다. 프로이트는 이 이름이 그와 어떤 연관이 있는지 물었다. "당신은 알비네라는 이름의 여자들과 사귀었나요?" 환자는 그런 이름의 여자와는 전혀 교제하지 않았다고 말했다. 프로이트는 환자의 답변을 통하여 환자의 마음을 추리할 수 있었다. 환자의 피부가 유난히 흰색이라 프로이트는 그를 알비노Albino(흰둥이 남자)라고 자주 불렀다. 환자가 좋아하는 여자는 알비네Albine(흰둥이 여자)이다. 결국 그가 만난 수많은 여자는 자기 자신이라고 답변함으로써 그는 자기 자신을 사랑하고 있다는 점을 프로이트는 알아차렸다.

모든 꿈은 두 개의 꿈이다

실수행위에서 행위자의 의도는 하나가 아니라 둘이다: 방해받는 의도와 방해하는 의도. 이와 비슷하게 꿈도 두 개다: 드러난 꿈과 숨은 꿈. 프로이트는 우리가 실제로 꾸는 꿈의 진정한 형태가 이 구조에 숨어 있다고 생각한다(GW 11, 118). 아침에 일어나서 우리가 기억하는 꿈은 외현적 꿈 내용der manifeste Trauminhalt이며, 이것의 배후에 숨어 있으며 이것을 통하여 표출되는 꿈은 잠재적 꿈 사고der latende Traumgedanke이다.

배후라는 표현은 오해를 불러일으킨다. 마치 실제로 꿈이 두 개 존재하고 있다는 인상을 주기 때문이다. 실제로 존재하는 꿈은 외현적 꿈 하나밖에 없다. 그런데 그것은 진짜 형태가 아니라 진짜의 대체물Ersatz이다(GW 11, 111). 어떤 (잠재적) 사고가 (외현적) 꿈 속에 그대로가 아니라 형태를 바꾸어 표출된다. 프로이트는 그 사고가 본래적 꿈이며, 우리가 아침에 기억하는 실제 꿈 즉 외현적 꿈은 그 잠재적 사고의 대체물이라고 보는 것이다.

꿈꾸는 사람이 아는 것은 외현적 꿈이다. 그것의 원래 형태는 그는 모른다. 잠재적 꿈 사고는 꿈꾸는 자에게 도달되지 않는 것, 즉 무의식적 사고이다. 이것은 실수행위에서 방해하는 의도와 마찬가지로 분석하지 않으면 알 수 없는 것이다. 꿈의 해석이란 외현적 꿈 내용을 토대로 잠재적 꿈 사고를 찾아가는 작업이다.

잠재적 꿈 사고와 외현적 꿈 내용의 네 가지 관계

잠재적 꿈 사고는 여러 가지 방식으로 외현적 꿈에 현상한다. 어떤 경우에는 별 차이가 없다. 어린아이의 꿈은 대개 그렇다. 이런 꿈은 해석할 필요없이 의미가 분명하다. 그러나 대개의 경우 외현적 꿈은 해석하지 않고서는 의미를 이해하기 어렵다. 둘 사이에 상당한 차이가 있는 것이다. 그 차이를 왜곡이라고 한다. 프로이트는 외현적 꿈은 잠재적 꿈으로부터 여러 가지 방식으로 왜곡되어 있다고 생각한다. 외현적 꿈은 잠재적 꿈의 (1) 조각이나 암시, (2) 시각적 형상화, (3) 전위, (4) 상징 이다.[3] 네 번째 관계는 나중에 설명한다.

(1) 외현적 꿈은 잠재적 꿈의 조각이나 암시이다

"사랑하는 하느님이 뾰족한 종이 모자를 머리에 쓰고 있다"(GW 11, 116). 이것은 어떤 부인이 어린 시절에 꾼 꿈의 한 요소Traumelement이다. 꿈 요소란 꿈 전체를 이루고 있는 부분이다. 프로이트의 꿈 해석법은 하나의 꿈 전체를 통째로 해석하지 않고, 꿈을 요소로 분해한 그것들을 일일이 해석하고 나중에 통합하는 것이다.

프로이트는 그 부인에게 설명을 요청했고, 부인은 어린 시절

---

3 프로이트는 외현적 꿈과 잠재적 꿈의 관계를 필자가 설명하는 방식과 약간 다르게 네 가지라고 말한다. 외현적 꿈은 잠재적 꿈의 (1) 부분, (2) 암시, (3) 시각화(조형화), (4) 상징이다(GW 11, 152). 그런데 이 진술은 프로이트가 실제로 예를 들어 두 꿈의 관계를 설명하는 것과 일치하지 않는다. 먼저 처음 두 개의 관계는 사실상 별로 구별되지 않는다. 조각이나 파편이 전체를 암시할 수 있기 때문이다. 실제로 프로이트는 꿈의 사례를 들어 설명할 때 그 둘을 구별하지 않는다. 그리고 외현적 꿈이 잠재적 꿈의 전위라는 점을 프로이트는 분명히 말한다. 그래서 필자는 처음 두 개의 관계를 통합하고, 전위 관계를 추가하여 외현적 꿈과 잠재적 꿈의 관계는 다음 네 개로 정리한다: (1) 부분이나 암시, (2) 시각화, (3) 전위, (4) 상징 관계.

경험을 얘기해 주었다. 부모가 식탁에서 그녀에게 꿈속의 모자와 같은 것을 쓰게 하여 다른 형제의 접시에 음식이 더 많이 제공되는지 엿보지 못한 적이 있었던 것이다. 그녀는 이런 연상을 떠올리며 스스로 꿈의 의미를 해석했다. "하느님은 전지전능하여 모든 것을 보고 있다. 이 꿈은 다른 사람들이 나에게 고깔모자를 쓰게 하여도 하느님처럼 나는 모든 것을 알고 있다는 의미이다." 부인은 이 꿈에서 다른 사람의 접시를 보고 싶다는 소망을 실현하고 있는 것이다.

이 꿈에서 꿈 요소는 잠재적 사고와 어떤 연관이 있는가? 모자를 쓴 신은 외현적 꿈의 한 요소이며, 신은 모든 것을 알고 있다(또는 신처럼 모든 것을 알고 싶다)는 것이 잠재적 사고이다. 이 둘은 같지는 않으나 어떤 관계를 맺고 있다. 드러난 꿈의 요소는 숨어 있는 꿈, 즉 무의식의 암시Anspielung이다(GW 11, 119). 그 둘이 분리되어 외현적 꿈만 제시되면 그것의 의미는 쉽게 이해할 수 없을 것이다. 그런 점에서 그 둘의 관계는 일종의 왜곡, 여기서는 암시의 왜곡이다.

(2) 외현적 꿈은 잠재적 꿈의 조형화, 형상화이다

잠재적 꿈은 사고이다. 이것은 꿈을 만드는 과정 즉 꿈 작업에서 시각적 형상으로 변환된다. 프로이트는 이것을 조형적 언어묘사plastische Wortdarstellung라고도 부른다(GW 11, 178). 모든 꿈 사고가 다 그런 변환을 겪는 것은 아니다. 외현적 꿈에서도 어떤 것들은 사고나 지식의 형태로 남아 있다.

형상화 작업은 쉬운 일이 아니다. 우리가 신문의 정치 기사를 화보 몇 장으로 표현하라는 과제를 받았다고 하자. 추상적 단어나 전치사와 접속사 같은 사고 연관을 표현하는 문장 성분은 묘사하기 어렵다. 추상적 단어들인 경우 모든 간책奸策을 동원해야 한다. 예를 들어 기사의 본문을 좀 더 구체적이고 묘사 가능한 성분을 포함하고 있는 다른 문장으로 바꿔 쓰려고 애쓴다. 그렇게 하면 새로 만든 문장이 낯설게 보일 수도 있다. 이 과정에서 우리는 대부분의 추상적 단어들은 퇴색된 구체적 단어라는 점을 기억하게 되고, 추상적 단어의 원래의 구체적 의미로 거슬러 올라간다.

예를 들어 사물의 소유를 그 사물 위에 앉아 있는 것으로 묘사할 수 있다(GW 11, 178-179). 어떤 것을 소유한다는 것은besitzen

그것을 점유하고 그것에 앉아 있는 것sitzen이다. 간통은 아주 묘사하기 어렵다. 이 경우에는 다리 골절 같은 다른 종류의 파괴로 대체할 도리밖에 없을 수도 있다. 독일어에서 간통Ehebruch의 원래 의미는 결혼 파괴이다. 간통은 다리 골절처럼 결혼의 파괴이므로 무언가가 부서지는 것으로 묘사될 수 있다.

추상적 단어는 힘들지만 구체적 형상으로 대체할 수는 있다. 그러나 사고 관계를 지시하는 문장 성분은 묘사할 수단이 아예 없다(GW 11, 180). 그래서 '때문에, 따라서, 그러나'와 같은 말은 사고를 그림으로 묘사할 때 사라져 버린다. 다음의 사례를 보자.

"특정한 형태의 탁자Tisch에 가족이 둘러 앉아 있다." 이것은 어떤 환자의 꿈의 한 요소이다. 이 환자는 이 식탁에 대해 다음과 같은 연상을 떠올렸다. "언젠가 어떤 가정을 방문했을 때 똑같은 식탁을 본 적이 있다. 그 집에는 아버지와 아들 사이에 특별한 관계가 형성되어 있었고, 나와 아버지 사이도 마찬가지이다." 식탁은 가족관계의 평행성을 표시하기 위해 꿈에 도입된 것이다. 식탁은 아버지와 아들의 긴장 관계를 형상화, 시각화한다(GW 11, 117-118). 환자는 자기 집안 문제도 그 집 문제와 같다는 것을 표현하기 위해 꿈 작업은 탁자를 활용하고 있는 것이다.

"형이 상자 속에 들어 있다"(GW 11, 119). 이것은 어떤 남자가 꾼 꿈의 한 요소이다. 프로이트의 분석을 보면, 이 남자는 먼저 상자에 관해 장롱Schrank을 떠올렸고, 그다음 형이 장롱에 들어 있는 모양을 연상하였다. 장롱에 들어 있다는 의미는 긴축 생활을 한다는 의미이다. 독일어에서 긴축 생활의 문자적 의미는 "장롱 속에 갇혀 있다der Bruder schränkt sich an는 것이다." 장롱에서 몸을 웅크리고 있는 시각적 형태에서 우리는 절약이라는 추상적 개념을 유추할 수 있다. 아마 예전에는 돈이 없어 절약하는 사람으로 보고 사람들은 "그는 장롱에 갇혀 있다"고 비유적으로 말했을 것이다.

"어떤 사람이 매우 좋은 전망Aussicht을 제공하는 산에 올랐다." 이것도 꿈의 한 요소이다. 이 꿈에 대해 분석가가 꿈꾼 사람에게 어떤 연상이 떠오르냐고 묻자, 그는 등산과 관련된 어떤 이야기도 하지 않고, 신문 「전망Rundschau」을 발행하는 지인을 떠올렸다. 이 꿈의 의미는 꿈꾸는 사람이 자신을 전망 발행자와 동일시하는 것이다. 산의 정상에서 아래로 넓은 전망을 갖는 것은 신문 「전망」을 발행하는 사람에 대한 시각적 형상이 될 수 있다. 꿈꾸는 사람이 「전망」의 발행자가 되고 싶은 소망을 이 꿈의 요소는 표출하고 있다.

위 세 개의 사례에서 프로이트는 우리에게 외현적 꿈과 잠재적 꿈의 두 번째 관계를 보여 준다. 이 경우 외현적 꿈은 잠재적 꿈의 왜곡Entstellung이라기보다 잠재적 꿈의 시각적 묘사Darstellung이다. 외현적 꿈은 잠재적 꿈 사고에 포함되어 있는 핵심 단어를 구체적 조형으로 형상화plastische, konkrete Verbildlichung한다(GW 11, 119). 가족 구성원 간의 긴장, 절약, 전망 같은 것들은 추상적 언어이다. 이것들은 원래 잠재적 꿈에서는 추상적 개념으로 존재하지만, 외현적 꿈에서는 시각화되어 표출된다.

이 경우에도 왜곡이 있다. 왜냐하면 우리는 어떤 단어에서 그 단어의 유래인 구체적 형상을 망각하고 있기 때문이다. 그래서 그림을 통하여 단어를 대체해도 그 의미를 알아차리지 못한다. 원래 추상적 언어는 구체적 사건이나 사물의 형태로부터 유래했을 것이다. 그러나 우리는 말이 어떤 구체적 형상으로부터 형성되었는지 오랫동안 잊고 살았다. 그래서 이번에는 정작 언어를 대치한 형상을 보면서도 그것이 어떤 언어에 관한 것인지 모른다. 형상에서 다시 언어(개념)로 돌아가는 과정이 원활하지 않다는 것이다.

(3) 외현적 꿈은 잠재적 꿈의 전위이다

전위는 내용의 재편이나 강조점의 이동을 지적한다. 본래 꿈을 이루고 있는 여러 가지 요소들이 외현적 꿈에서는 다른 방식으로 편성되고, 중요한 점이 시시한 것처럼 변방으로 밀려난다. 이것을 프로이트는 전위라고 부른다.

젊지만 결혼한 지 오래된 부인 M이 꿈을 꾸었다. "M은 남편과 극장에 갔다. 1층 앞쪽 관람석은 비어 있었다. 남편이 말하기를, 엘리제는 약혼자랑 같이 오고 싶었는데 1플로린 50크로이체로는 나쁜 자리 표 3장밖에 살 수 없었고, 그들은 그나마 그것도 살 수 없었다. M은 그것이 그렇게 큰 불운은 아니라고 생각했다"(GW 11, 120-122).

이것은 꿈의 한 요소가 아니라 꿈의 전체이다. 분석가는 꿈을 여러 개의 요소로 나누고 그것들이 각각 어떤 의미가 있는지 해명한다.

a) 엘리제의 약혼: 남편은 엘리제가 그녀(부인 M)와 비슷한 나이였고 최근 약혼했다는 사실을 알려 주었다. 꿈은 이런 이야기에 대한 반응이다.

b) 극장의 자리가 비었다는 것: 이것도 최근 M이 겪은 경험에 대한 반응이다. 그녀는 지난주 극장에 가려고 성급하게 표를 미리 사느라 예매 수수료를 물었는데 막상 극장에 가 보니 자리가 많이 비어 있었다.

c) 1플로린 50크로이체: 이것은 그녀의 시누이와 관련된 사건에 관한 반응이다. 시누이는 남편으로부터 150플로린(1플로린 50크로이체의 10배 금액)을 선물로 받자마자 귀금속 가게에 가서 너무나 성급하게 보석을 사 버렸다.

d) 숫자 3: 이것은 엘리제가 그녀보다 3개월 어리다는 것에 대한 반응이다.

M이 연상으로 제시한 자료를 토대로 분석가는 잠재적 꿈 사고를 추리한다. 분석가는 이 꿈에는 시간 규정이 여러 군데서 나온다는 데 주목한다. M은 너무 성급하게 표를 구입하여 수수료를 추가로 물었고, 시누이도 비슷하게 너무 서둘러서 보석을 샀다. 이런 점을 토대로 잠재적 꿈 사고를 구성하면 다음과 같다. "그렇게 결혼을 서둘러 빨리 한 것은 어리석었다. 엘리제를 보니까 더 늦게 결혼해도 괜찮았다." 결혼의 성급성은 극장표와 보석을 살 때의 성급성으로 대체되었고, 결혼 자체는 극장에 가는 행위로 대체되었다. 결혼식과 연극은 무대와 관객이 있다는 점에서 서로 비슷하다.

프로이트는 외현적 꿈과 잠재적 꿈을 비교하여 강조점이 바뀌었음을 지적한다(GW 11, 123). 이것을 프로이트는 전위라고 한다. 잠재적 꿈에서는 성급성Voreiligkeit이 주요 요소인데 이것은 외현적 꿈에는 위치를 바꾸어 거의 나타나지 않는 것이다. 분석이 없었다면 우리는 이 요소가 중요한 역할을 행사하고 있다는 점을 예감조차 하지 못했을 것이다.

전위는 우리가 일상생활에서도 의도를 숨기기 위해 자주 활용한다. 철수는 돈을 빌리러 친구 집을 방문한다. 철수는 그 의도를 숨기고 정치나 야구 같은 다른 얘기를 한다. 그리고 집으로 돌아오기 위해 현관을 나서며 "혹시 돈 좀 빌려줄 수 있나?"라고 묻는다. 이것이 철수에게는 중요한 의도이지만 그는 위치를 시시한 곳으로 바꾸었다. 그는 전위를 통하여 진짜 의도를 숨기는 것이다.

4.
꿈의 소망 충족과 검열

프로이트는 꿈의 주요 특성을 발견한다. 하나는 소망 충족이며 다른 하나는 소망의 환각적 체험이다. 첫째, 소망은 꿈의 유발자이며 소망의 충족이 꿈의 내용을 구성한다. 이것이 꿈의 주요 성격 중 하나이다. 둘째, 꿈의 또 다른 주요 성격은 하나의 사고를 그냥 표현하지 않고, 소망이 충족되는 것처럼 환각적 체험halluzinatorisches Erlebnis으로 묘사한다는 것이다. 보통 사람들은 소망뿐만 아니라 걱정이나 구상도 꿈을 유발한다고 생각한다. 그러나 프로이트는 소망만이 꿈의 유발자임을 확신한다. 그리고 꿈은 이런 자극(소망)을 그대로 서술하지 않고, 체험의 형태로 묘사하여 소망을 제거하고 해소한다. 소망이 이루어지면 소망은 해소되는 것이다.

꿈은 소망의 환각적 체험이다

어린아이의 꿈에는 꿈의 본질이 잘 드러난다. 22개월 사내 아이에게 부모는 손님에게 버찌 열매 한 바구니를 선물하라고 했다. 아이는 그것을 하기 싫어했다. 다음날 아침 아이는 꿈을 꾸었다. "헤르만(아이 자신)이 버찌를 모두 먹어 버렸다"(GW 11, 125). 이 꿈에서 소망은 버찌를 다 먹고 싶다는 것이다. 이 소망이 꿈을 유발한다. 이 소망은 꿈을 만드는 심리 과정(이것을 프로이트는 꿈-작업이라 부른다)에서 버찌를 다 먹어 버렸다는 환각적 체험으로 변환된다.

성인의 꿈 중에서 어린아이의 꿈처럼 그다지 왜곡되지 않은 소망 충족의 꿈 종류가 있다. 그것은 기아, 갈증, 성적 욕구를 충족하는 꿈이다(GW 11, 131-133). 하루 동안 금식을 한 할머니는 손님으로 초대되어서 산해진미를 대접받는 꿈을 꾼다. 아프리카 여행 중 갈증에 시달리던 영국의 탐험가는 고향의 물이 풍부한 계곡과 초원의 꿈을 늘 꾸었다. 성적 충동은 기아나 갈증보다는 대상에 대한 의존이 낮아 실제의 충족이 꿈에서 이루어지기도 한다. 성적 자극의 영향을 받아 꿈은 몽정이란 충족의 경험을 만들 수도 있는 것이다. 갈증은 물이 없으면 해소할 수 없는 반면, 성욕은 대상이 없어도 해소할 수 있다.

죄수의 꿈

꿈이 소망 충족이라는 점을 프로이트는 '슈빈트Moritz von Schwind의 〈죄수의 꿈〉(1836)'이라는 작품이 잘 보여 주고 있다고 지적한다. 그림에서 남자는 그림의 전면 바닥에 짚을 베고 누워 있다. 그 옆에는 커다란 피처가 세워져 있다. 그림의 오른편 위의 쇠창살 문으로부터 들어오는 햇빛이 얼굴을 비추고 있다. 그의 눈은 열려 있고, 창문 방향으로 보고 있다. 햇빛의 중심, 그림의 중심에 여자가 맨발에 길게 흘러내리는 옷을 입고 왼손에는 잔을 들고, 공간에 걸려 있는 듯하다. 거기에서 오른손 피처로부터 물을 채우고 있다. 그녀의 앞쪽 창문에는 남자 요정 같은 인물이 톱을 들고 열심히 쇠창살을 자르고 있다. 그는 다른 남자 요정의 목에 올라타고 있고, 그도 다른 요정의 목에 올라타고

슈빈트의 〈죄수의
꿈〉(1836)

있다. 겹겹이 등에 올라탄 남자 요정들의 자세는 창문 높이 올
라가는 연속적 동작을 묘사한다. 톱을 들고 창살을 자르고 있
는 남자 요정(가장 위에 있는)은 죄수가 하고 싶은 것을 대신하고
있다(GW 11, 134). 죄수는 감옥으로부터 탈출하고 싶은 소망을
품고 있는데, 그것이 쇠창살을 자르는 요정의 행동으로 표출되

는 것이다.

이 그림에는 해방의 소망 외에도 다른 소망도 발견할 수 있다.[4] 여자가 그림의 중앙에 있다. 꿈꾸는 자는 감옥에서 성적 갈증을 느끼고 있다고 볼 수 있다. 여자는 죄수가 해방되면 얻을 수 있는 성적 대상이다. 여자는 잔에 물을 따르고 있다. 죄수는 목이 마르고 그에게 여자가 물을 준다고 생각할 수 있다. 리비도와 갈증의 충족도 그림에서 암시되고 있는 것이다.

꿈의 검열Traumzensur

프로이트는 꿈의 목적이 소망의 충족이라는 것으로 본다. 어린아이가 꿈에서 호수에서 배를 타고 간다면, 그렇게 하고 싶다는 소망이 꿈에 나타난 것이다. 어린아이의 꿈은 왜곡이 거의 없어서 외현적 꿈과 잠재적 꿈이 일치한다. 이렇게 프로이트는 소망Wunsch이 꿈의 유발자이고, 소망의 충족Erfüllung이 꿈의

---

4 Alexander Grinstein. *A Psychoanalytic Study of Schwind's 'The Dream of A Prisoner.'* (American Imago, vol. 8, no. 1, 1951, pp.65-91. JSTOR, www.jstor.org/stable/26301444.), p.68.

내용이라고 주장한다. 그런데 아동이나 유아 꿈을 제외하고는 대개 꿈은 왜곡이 심해 소망 충족이라는 꿈의 본질이 잘 보이지 않는다.

꿈 왜곡은 우리에게 꿈을 낯설고 이해할 수 없게 만든다. 꿈 왜곡은 어디에서 올까? 꿈 왜곡을 통하여 무엇이 달성되는가? 프로이트는 이것을 물으며 꿈 검열이란 개념에 도달한다. 프로이트는 다음의 사례를 제시한다(GW 11, 137-139). 이것은 밤낮으로 자식 생각만 하고 살아온 빈의 교양 있는 부인(50세)의 자원봉사 활동에 관한 꿈이다.

사랑-봉사의 꿈

부인은 제1육군병원에 가서 보초에게 이렇게 말했다. 병원에서 자원봉사를 원하기 때문에 병원장을 만나고 싶다. 그녀는 '자원봉사'[5]라는 말을 '사랑-봉사'를 의미하도록 발음했다.

---

5 독일어에서 자원봉사는 '사랑-봉사(Liebes-dienste/love-service)'이다. 자원봉사란 돈을 받기 위해서가 아니라 사랑으로 봉사한다는 의미이다. 그런데 이 단어의 앞부분 '사랑'을 강조하면 '사랑-봉사'의 의미가 외설적인 것으로 바뀔 수 있다.

그녀가 나이 들었다는 점 때문에 군인은 잠시 주저하다가 통과시켜 주었다. 그 부인은 병원장을 만나기 전에 크고 어두운 방으로 갔는데 거기에 장교들과 군의관들이 긴 탁자에 앉아 있었다. 부인은 그들에게 말했다. "나와 많은 빈의 여자들이 장교와 병사들에게 …(웅성거림)할 준비가 되어 있습니다." 여기서 잠시 군인들의 웅성거리는 소리들이 뒤를 이었다. 선임 군의관이 그녀의 허리에 팔을 두르면서 말했다. "부인, 실제로 그렇게 된다면 말씀인데요…(웅성거림)." 부인은 그의 팔을 허리에서 풀면서, 남자들이란 다 똑같다고 생각하며 말했다. "맙소사, 저는 나이든 여자입니다. 저는 그렇게 할 수 없지 않을까요. 나이가 고려되어야 할 거 같네요. 나이 든 여자가 팔팔한 젊은 남자와 …(웅성거림). 그건 정말 말도 안 되겠지요."

프로이트는 이 꿈을 다음과 같이 해석한다. 이 꿈은 자원봉사라는 단어와 웅성거리는 소리로 중단되기 이전의 말을 보충해 보면 의미가 분명하다. 부인의 상상은 애국적인 의무감에 가득 차서 장병이나 장교를 막론하고 군인들에게 사랑의 욕구를 만족시키기 위하여 자신의 몸을 바칠 각오가 되어 있다는 것이다. 이것은 음란한 리비도적 환상의 전형이다.

왜 이 꿈에는 그 부인이 기억하지 못하는 빈 곳과 제대로 듣지 못하게 하는 웅성거림이 생겼을까? 그것은 검열 때문이다. 꿈꾸는 사람의 정신활동이 꿈을 만들어 내는 작업 과정에서 검열을 행사하는 것이다. 마치 언론 검열을 받아 신문의 정치면이 군데군데 내용이 삭제되고 그 자리에는 하얀 백지가 대신하고 있듯이, 꿈에서도 음란한 내용은 억압되어 빈 곳과 웅성거림이 들어간 것이다. 이렇게 텅 빈 곳에는 원래 검열 관청의 마음에 들지 않는 무언가가 있었을 것이고, 꿈에는 꿈꾸는 사람이 마음에 들지 않는 내용이 있었을 것이다. 꿈의 검열은 정치적 검열과 비슷하다.

두 개의 사악한 의도는 리비도와 증오이다

프로이트는 꿈속에서도 억압되는 사악한 의도는 두 가지라고 주장한다(GW 11, 143). 하나는 성적 욕구, 프로이트의 용어로 리비도Libido이다. 리비도는 타인의 아내뿐만 아니라 가족까지도 성적 대상으로 삼는다. 다른 하나는 증오der Haß이다. 인간은 자신의 길에 방해가 된다면 가족마저도 죽기를 바랄 수 있다. 절제 없는 성적 욕망과 한계 없는 파괴 욕망은 현실 생활뿐 아니라 꿈속에서도 억압되는 것이다.

우리는 여기서 프로이트의 후기 사상의 단초를 본다. 프로이트는 초기에는 인간의 기본적 충동을 성적 충동에서만 인정했다. 그래서 그의 사상은 모든 것을 성욕으로 환원하는 것이어서 범성욕주의라는 비난을 받은 것이다. 그러나 제1차 세계대전을 경험하며 프로이트는 기본적 충동에 공격성 또는 파괴성을 추가한다(GW 11, 147). 그는 세계대전을 보면 인간의 심리 속에 악이 들어 있음을 인정하지 않을 수 없다고 고백한다. 문명 국가들에도 만연하고 있는 야수성, 잔인성, 사기성을 생각해 보면, 양심 없는 소수의 야심가와 선동가들이 이 모든 나쁜 일을 풀어놓은 것이 아니라, 모든 인간의 심리적 조성 속에 악이 있음을 인정하지 않을 수 없다는 것이다. 그는 나중에 성적 충동을 에로스, 공격성 또는 파괴성을 죽음의 충동이라고 부른다. 프로이트의 제자들은 죽음의 충동을 그리스 말에서 용어를 빌려 와 '타나토스Thanatos'라고 한다. 타나토스는 그리스어에서 죽음이다.

착한 사람은 나쁜 일을 꿈에서 하고,
나쁜 사람은 현실에서 한다

꿈 왜곡의 강도는 사람마다 다를 것이다. 프로이트는 그것이 두 가지 요인에 비례한다고 생각한다(GW 11, 144). 검열받는 욕망이 나쁘면 나쁠수록, 검열의 요구가 강하면 강할수록 꿈 왜곡은 더 커진다. 다시 말해 사회적·도덕적·미학적 관점에서 추잡한 것을 바라면 바랄수록, 꿈꾸는 이의 도덕관이 엄격할수록 꿈 검열은 더욱 강하게 되는 것이다.

누구나 사악한 의도를 품고 있다. 어떤 사람은 그것을 실제로 실현한다. 반면 어떤 사람은 그것을 꿈에서 한다. 그것도 검열을 받아 가며 한다. 정신분석은 플라톤이 예전에 한 말을 입증한다고 프로이트는 생각한다(GW 11, 147). 플라톤은 선한 사람과 악한 사람의 차이를 의도에서 보지 않는다. 착한 사람도 나쁜 의도는 가지고 있다. 그러나 선량한 사람은 악한 사람들이 현실 생활에서 행하는 것을 실제로 하지 않고 꿈을 꾸어 보는 것에 만족한다.

무의식은 정신의 지속적 기관이다

프로이트는 꿈의 연구를 통하여 무의식에 대한 새로운 통찰을 얻었다(GW 11, 148-149). 실수행위에서도 무의식적 의도가 작동하지만 그것은 잠시뿐이다. 반면 꿈은 우리가 자주 꾸며 검열이 빈번히 발생한다. 이 점에서 무의식의 심리 과정은 일정한 순간에만 존재하는 일시적 현상이 아니라는 점을 알 수 있다. 정신생활에는 우리가 오랫동안 의식하지 못하는 과정과 경향이 존재한다. 이제 무의식은 새로운 의미를 얻게 된다. 무의식은 단지 일정 기간 잠재하는 것이 아니라 지속적, 무의식적 활동이라는 의미를 가지게 된다. 어떤 심리적 과정Vorgang이나 경향Tendenz이 지속된다면 그것을 계속 일어나게 만드는 기관이 있어야 한다. 이제 무의식은 의식하지 못한다는 상태가 아니라 무의식적 활동을 일으키는 기관을 의미하게 된다.

5.
꿈의 상징

외현적 꿈과 잠재적 꿈의 관계는 네 가지이다. 외현적 꿈은 본래적 꿈의 부분이거나 암시, 시각적 표현, 전위 그리고 상징이다. 앞의 세 가지의 관계는 이미 설명했다. 여기서는 네 번째 관계를 다룬다. 외현적 꿈은 잠재적 꿈의 상징적 표현이다.

상징 관계는 은유처럼 두 항목을 비교한다. "시간은 화살이다"라는 문장에서 비유법은 은유이다. 여기서 시간과 화살이 비교되고 있다. 시간은 원관념, 화살은 보조관념이다.

상징의 비유가 은유적 비유와 다른 점은 문장에 보조관념만이 나타난다는 점이다. 죽음은 여행이라고 하면 은유이다. 여기서는 원관념인 죽음과 보조관념인 여행이 모두 나타난다. 그런데 보조관념인 여행만이 말에 나타나고 그것의 원관념이 없으면 이것은 상징적 비유이다. "여행은 쓸쓸하다"는 문장을 보자. 여행이 죽음의 상징적 표현이라면 이 문장은 죽음은 쓸쓸하다는 의미가 된다.

꿈의 비유는 상징이어서 이해하기 어렵다. 상징적 비유는 원관념은 없고 보조관념만이 드러나 있기 때문이다. 어젯밤 꿈속에서 할아버지가 여행을 떠났다고 하자. 여행은 죽음이 상징일 수 있다. 그런데 꿈에 여행만이 보이고 그것의 원관념인 죽음은 나타나지 않으므로, 할아버지가 여행을 떠난다는 요소가 할아버지가 죽는다는 의미인지 짐작하기 힘들다.

꿈에서 모든 것이 상징적으로 비유되는 것은 아니다. 상징적 묘사를 발견하는 사물의 범위는 넓지 않은 것이다. 성기 및 성관계, 부모, 아이, 형제, 탄생, 죽음, 인간 전체(이것은 집으로 상징화된다) 같은 부류가 상징적으로 표현된다(GW 11, 154).

성생활의 상징

성기, 성관계, 성교의 상징 활동은 매우 풍부하다. 성생활 이외의 것들은 상징이 빈약하여, 꿈에서 상징의 대다수는 성적 상징이다(GW 11, 155). 상징화되는 소재(상징의 원관념)는 몇 개 안 되는데, 상징적 대체물(보조관념)은 매우 많다.

남성 성기의 상징

꿈에서 남성의 성기에 대한 상징적 묘사 방식이 아주 많다 (GW 11, 155-156).

(1) 외형의 유사물이다. 길고 높이 솟은 물건은 남성 성기에 대한 상징이다. 지팡이, 우산, 막대기, 수목, 연필 등.

(2) 육체 속으로 들어가는 것과 상처를 주는 것들도 남성 성기에 대한 상징적 표현이다. 모든 종류의 뾰족한 무기, 칼, 창, 망치, 손톱깎이, 줄, 권총 등. 꿈에서 소녀가 칼이나 총을 든 남자에게 쫓긴다면 그때 칼이나 총은 남성의 성기를 의미할 수 있다.

(3) 남성의 성기는 물이 흐르는 물건으로 대체된다. 수도꼭지, 분무기, 분수 등.

(4) 길이를 늘일 수 있는 물건도 남성 성기의 대체물이다. 벽에 거는 램프, 앞으로 심을 밀어 넣는 연필 등.

(5) 남성 성기의 발기는 중력에 저항하면서 일어서므로 그

런 종류의 물건은 남성 성기의 상징이다. 기구, 비행기, 비행선 등. 비행하는 꿈은 성적 홍분이거나 발기를 의미할 수 있다.

여성 성기의 상징

(1) 텅 빈 공간이 있어서 무엇을 받아들일 수 있는 물건으로 상징화된다(GW 11, 157). 탄광의 갱도, 구덩이, 구멍, 그릇, 병, 상자, 호주머니, 통조림, 보트, 장롱, 아궁이, 오븐, 방, 달팽이, 조개 등.

(2) 여성의 유방은 사과나 배 등 과일로써 대체된다(GW 11, 158). 이것들은 모양이 비슷하다.

(3) 여성 성기는 복잡한 구조 때문에 바위와 숲, 물이 있는 풍경으로 묘사된다. 반면 남성 성기는 박력 있는 발기 과정 때문에 매우 복잡하여 서술하기 힘든 기계로 상징화된다(GW 11, 159).

(4) 남녀 성기의 털은 꿈에서 숲으로 나타난다(GW 11, 159).

여성의 성기에 관한 꿈의 상징적 비유는 현실 생활에서도 나타난다. 혼인이 끝난 뒤에 친척이나 친구들이 신랑을 괴롭히던 혼인 풍속을 동상례東床禮라고 한다. '동상'이란 남의 새사위를 의미한다. 조선 시대에는 혼례가 신부 집에서 열렸고, 첫날밤이 지난 후에 신부 집에서 친척이나 친구들이 신랑을 잡아 다리를 묶어 거꾸로 매고 몽둥이로 발바닥을 때리면서 다음과 같은 질문을 하여 신랑을 희롱했다. "숲이 우거졌더냐? 안방이 깊숙하더냐, 얕더냐? 샘물이 콸콸 솟아나더냐, 말랐더냐? 새집이더냐 헌집이더냐?" 숲, 방, 물은 모두 여성의 성기를 상징하는 표현이다.

성행위의 상징

성행위는 춤, 승마, 등산 같은 활동이나 계단, 사다리 등을 올라가는 행위로 대체된다. 야생의 짐승은 흥분한 남성을 가리키며 나쁜 충동, 정열을 의미한다. 꽃과 화초는 여자의 성기, 처녀성을 의미한다(GW 11, 160).

부모의 상징

부모는 꿈에서 왕과 왕비로 나타난다(GW 11, 161). 동화에서 이런 상징이 쓰인다. 옛날 옛적에 왕과 왕비가 살았다고 하면, 아버지와 어머니가 살았다는 의미이다. 그리고 집에서 아들을 왕자라고 부른다.

탄생의 상징

탄생은 물과 관련되어 묘사된다(GW 11, 162). 사람이 물속으로 뛰어들거나, 물에서 솟아 나오거나, 사람을 물에서 구출하거나, 물로부터 구출되거나 하는 식이다. 물의 상징은 두 가지 방식으로 진화사적 사실과 연관되어 있다. (1) 인류의 선조는 물에 사는 동물로부터 출현했다. (2) 인간은 처음 생존 기간을 물속에서 보낸다. 즉 태아는 어머니의 몸속의 양수羊水 속에서 산다.

죽음의 상징

꿈속에서 여행을 떠나는 것은 죽는다는 것이다(GW 11, 163). 이런 상징은 일상 언어에도 나온다. 아이들이 죽은 아버지를 그리워하여 소재를 물으면 어른들은 말한다. "그는 여행을 떠났다."

기타 상징

꿈속에서 집은 인간을 상징한다. 꿈에서 집의 전면을 기어서 내려온다고 하자. 그것이 완전히 매끈한 벽면이면 남자이고, 튀어나온 부분이나 발코니가 있어서 사람이 의지할 수 있으면 그것은 여자이다. 꿈속에서 아이나 형제는 작은 동물이나 해충으로 상징화된다(GW 11, 154).

상징 관계는 꿈 외에도 많다

꿈의 상징 관계는 꿈이나 꿈 작업에서만 특유한 것이 아니다. 이런 상징 비유Symbolik는 신화나 동화, 민중들의 속담이나 노래에서 사용된다. 그리고 통상적 관용어나 시적 환상에서 그런 상징이 활용된다. 상징적 비유의 영역은 엄청 큰데, 꿈의 상징 연관은 그것의 작은 부분이다(GW 11, 168).

프로이트는 다음의 사례를 든다. 독일어에서 여자를 욕할 때 '늙은 상자alte Schachtel'라고 부른다. 신약에는 "여자는 깨지기 쉬운 그릇이다"라는 말이 나온다. 히브리 문학에서 여자는 집으로, 그리고 여자의 성기는 집의 문으로 표현된다(GW 11,164). 예를 들어 남편이 자신의 아내가 처녀가 아니라는 점을 알고 탄식할 때 "나는 문이 열려 있음을 발견했다"고 한다.

상징의 이해는 꿈 해석의 보충적 방법이다

상징적 관계란 꿈의 요소와 그것의 번역 사이에 존재하는 항구적 관계이다. 꿈의 상징 관계에 관해 알고 있다면 꿈을 연상법을 활용하지 않고도 즉각 해석할 수 있지 않겠는가? 그러나 프로이트는 상징의 지식에 바탕을 둔 해석은 연상법을 사용한 꿈 해석법을 대체하는 기술이 아니라고 단호하게 말한다(GW 11, 152). 상징적 해석법은 연상적 해석법의 보충이며, 연상법의 테두리 내에서 허용할 수 있는 기술이라는 것이다. 예를 들어 상자가 여성의 성기를 의미하더라도 꿈꾸는 이가 상자로부터 성기가 아닌 다른 것을 연상한다면 그것을 존중해야 한다. 꿈의 요소를 이해할 때 연상법에 우선권이 있는 것이다.

꿈을 해석하는 데 활용하는 주요 기술은 자유연상과 상징 이해 두 가지이다. 본래적인 꿈의 대체물인 외현적 꿈으로부터 본래 형태인 잠재적 꿈으로 밀고 나가기 위해서는 꿈꾼 사람에게 연상을 불러일으키도록 유도하고, 연상이 잘 안 되는 꿈의 요소에 대해서는 해석자가 이미 알고 있던 지식으로부터 상징의 의미를 파악하여 꿈 해석에 끼워 넣는다. 이런 점에서 후자의 기술은 전자의 기술을 보완한다. 이 두 기술을 활용하면 대부분의 꿈들은 이해할 수 있다고 프로이트는 믿는다.

상징은 검열의 한 방식이다

꿈 검열이 없더라도 꿈은 쉽게 이해될 수 없다. 왜냐하면 꿈은 상징 언어를 자주 활용하기 때문이다. 꿈의 상징 언어를 깨어 있을 때의 직설 언어로 번역해야 꿈을 이해할 수 있는 것이다. 프로이트는 상징적 비유가 꿈 왜곡을 일으키는, 꿈 검열 이외의 또 다른 주요 요인이라고 본다.

그런데 검열과 상징은 서로 다른 독립적 요인일까? 필자는 그렇게 생각하지 않는다. 상징은 검열의 한 방법인 것이다. 프로이트도 인정했다시피 꿈의 상징적 표현은 꿈 검열 활동에 아주 유익하다(GW 11, 171). 상징적 표현은 꿈을 낯설게 하고 이해할 수 없게 만드는 목적에 활용되기 때문이다. 그리고 꿈의 상징에서 가장 풍부한 것은 성생활이라는 점을 프로이트는 역시 강조했다. 꿈꾸는 사람은 꿈을 만들어 내는 과정에서 성생활이나 성적 욕망을 은폐하기 위해 그것을 새로운 낯선 것으로 대체한다고 하자. 이런 경우 상징적 표현은 검열의 목적에 봉사한다. 상징은 검열의 한 방식인 것이다.

6.

꿈 해석의 사례

꿈의 해석이란 외현적 꿈을 분석하여 본래적 꿈을 복원하는 작업이다. 본래적 꿈은 바로 꿈 작업의 재료이며, 대낮 잔재와 소망으로 구성되어 있다. 그것을 꿈 작업이 활용하여 외현적 꿈으로 변환한다. 꿈 작업의 재료에는 두 가지가 있다. 하나는 꿈꾸기 이전에 일어난 사건이다. 이것을 프로이트는 '대낮의 잔재'라고 부른다. 그리고 소망이다. 이 소망을 충족하기 위해 꿈을 만들어 내므로, 소망이 꿈 형성의 본래적 동력이다. 대낮의 잔재란 잠재적 꿈 사고의 일부일 뿐이다. 대낮의 잔재에 무의식에 속한 무언가가 부가되어 꿈이 형성된다. 그것은 대개 강렬하고 억압된 소망, 억압된 충동이다. 이것이 꿈 형성을 가능하게 만들어 주는 요인이다. 그래서 프로이트는 꿈이 언제나 무의식적 소망의 충족die Erfüllung eines unbewußten Wunsches이라고 주장하는 것이다(GW 11, 230).

대낮의 잔재도 소망도 무의식적이다. 그러나 의미는 나르다. 그것은 동일한 의미에서 무의식적이지 않다(GW 11, 233). 대낮의 잔재는 주의를 집중하면 의식할 수 있으나, 소망은 그렇게 해도 의식하기 힘들고 분석가가 알려 주더라도 꿈꾼 이는 수용하지 않는다. 꿈의 소망은 대낮의 잔재와는 다른 무의식의 영역에 속한다. 프로이트는 무의식의 두 가지 방식을 서로 다른 명칭으로 부르는 것이 낫다고 판단하여, 앞의 무의식을 전의식das Vorbewußte이라 부르고 후자는 본래적 무의식이므로 그대로 무의식das Unbewußte이라고 부른다.

다음은 프로이트가 제시하는 꿈 해석의 사례이다. 꿈을 분석하면 꿈꾼 이의 인격의 가장 내밀한 층과 만나게 된다.

(1) 이 꿈은 간단한 두 개의 영상으로만 구성되어 있다

(GW 11, 189)

꿈꾼 이의 삼촌은 토요일임에도 담배를 피운다. 어떤 부인이 삼촌이 자기 아이인 듯이 그를 쓰다듬는다.

꿈꾼 이는 유대인이다. 첫 번째 영상에 관하여, 그는 자신의 삼촌이 경건한 사람이므로 토요일에 담배 피우는 것 같은 죄스러운 짓을 하지 않았고 앞으로도 하지 않을 것이라고 지적했다. 유대교의 휴일은 토요일이다. 두 번째 영상에 관하여, 그는 꿈속의 부인이 그의 어머니라는 생각밖에 들지 않는다고 했다.

이 두 영상이나 사고(사상)는 분명 어떤 관계가 있을 것이다. 삼촌이 담배 피우는 일은 실제로 없으므로, 프로이트는 '만일'이라는 가정을 넣는다. 가정과 같은 꿈 사고들 사이의 관계를 꿈 작업이 탈락시킨다. 그 사라진 관계를 복원하는 것이 해석 작업이다.

가정을 복원하면 꿈 해석은 다음과 같다. "만일 삼촌같이 경건한 사람이 토요일에 담배를 피운다면, 나는 어머니에게 애무를 받아도 좋지 않을까? 이 꿈은 어머니에게 보살핌을 받고 싶은 아들(꿈꾼 이)의 소망을 실현한다.

(2) 1910년 뮌헨에 사는 의사가 꾼 꿈(GW 11, 190)

그는 튀빙겐의 거리를 자전거를 타고 내려가고 있었다. 그때 갈색의 닥스훈트 사냥개가 그의 뒤에서 달려들어 발꿈치를 물었다. 좀 더 내려가 그는 자전거에서 내려 계단에 앉아 그를 여전히 꽉 물고 있는 개를 쫓으려 몸을 흔들었다. 그의 맞은편에는 나이 든 부인들이 히죽히죽 웃으면서 그를 쳐다보았다.

꿈꾼 이는 최근에 한 처녀를 사랑하게 되었다. 그러나 길거리에서 그녀를 보는 것 말고는 그녀와 연결할 길이 없었다. 그런데 닥스훈트 사냥개가 연결점이 될 수도 있다는 생각을 그는 했다. 그는 동물을 아주 좋아했고, 그녀도 그런 성격을 가지고 있다고 느꼈던 것이다. 그는 그녀가 닥스훈트 사냥개를 데리고 다니는 것을 자전거를 타고 가면서 보았다. 그러나 그녀는 외현적 꿈에서 제거되고 그녀와 연관된 개만 남아 있다. 아마 히죽히죽 웃던 나이 든 부인이 그녀의 자리에 들어섰을 것이다. 이 꿈은 연모하는 그녀를 만나고 싶은 소망을 환각적 방식으로 충족한다.

(3) 남자의 꿈, 아버지를 몇 년 전에 잃었다(GW 11, 191-194)

아버지는 죽었다. 그러나 그는 관에서 나왔고, 안색이 나빠 보였다. 아버지는 그 후 계속 살아간다.

사랑하는 가족을 잃었을 때 우리는 상당히 긴 기간 동안 독특한 종류의 꿈을 생산한다. 어떤 꿈에서는 망자는 죽었으나 죽었다는 사실을 모르기 때문에 계속 살아가는데, 그가 죽음을 인지하는 순간 완전히 죽는다. 어떤 꿈에서는 망자는 절반은 죽어 있고, 절반은 살아 있다. 망자가 다시 살아나는 일은 동화에서도 흔한 일이다.

꿈꾼 남자는 이렇게 털어놓았다. 아버지를 매장하고 난 후 치아가 아프기 시작했다. 그는 유대인의 교훈에 따라 치아를 처리하려고 하였다: "치아가 아프거든 뽑아라." 그래서 그는 치과의사에게 갔다. 치과의사는 이렇게 말했다. "치아를 즉각 빼지 말고 좀 참아라. 내가 치아 신경을 죽이기 위해 무언가를 넣어 주겠다. 3일 후에 다시 오면 치아를 빼 주겠다."

치아를 뺀다는 것은 관에서 꺼내는 것이라고 꿈꾼 이는 갑자기 말했다. 치아를 뺀다는 것은 무언가 죽은 것이 그로부터 바깥으로 나오는 것이다. 꿈꾼 이의 죽은 아버지와 잇몸에 남아 있으나 죽은 치아는 동일화되었다. 치아와 아버지를 매개하는 제3자는 어디에 있는가?

그것은 꿈꾼 이가 아버지가 죽기를 바라는 소망이다. 그의 아버지는 오랫동안 아팠고, 환자를 돌보고 치료하는 데 많은 돈이 들었다. 그는 그 일이 그렇게 힘들지 않았고, 아버지가 죽어 버렸으면 하는 소망을 품지 않았다고 했다. 그는 아버지에 대한 유대인의 경건한 의무와 유대인의 엄격한 율법을 자랑스러워했다. 그러나 이런 말은 꿈의 사고와 모순한다. 그는 치아와 아버지를 동일화했다. 치아에 대하여 그는 "치아가 아프거든 뽑아라"는 유대인의 율법에 따라 행동하려고 했다. 그는 병든 아버지에 관해서도 치아에 관해서와 비슷한 감정을 가지고 있다. 즉 아픈 치아를 뽑아내듯이, 고통스럽고 돈이 많이 들어

가는 아버지의 인생을 빨리 죽여 끝낸다는 것이다.

프로이트는 이것이 꿈꾼 이의 병든 아버지에 대한 실제 태도라는 점을 의심하지 않는다. 꿈꾼 이는 경건한 자세를 확신하고 있는데 이것은 허영이다. 그것은 이런 기억(아버지가 빨리 죽기를 바랐다는 점에 대한 기억)을 다른 데로 돌려 버리기 위한 장치이다. 그런 상황에서는 고통을 야기하는 자(즉 아버지)가 빨리 죽기를 바라는 소망이 일어나기 마련이다. '죽음 소망 Todeswunsch'은 환자가 빨리 죽는 것이 환자에게도 유일한 구원(좋은 일)이라는 동정적 가면 아래에서 은폐되기도 한다.

아버지가 죽기를 바라는 아들의 소망은 어린 시절의 체험에서 유래가 있다. 잠재적 꿈 사고의 첫 부분은(아버지가 죽기를 바라는 소망) 꿈 형성 기간에만 나타나는 일시적인 것이며 무의식적 현상이다. 그런데 아버지에 대한 적대적 충동은 어린 시절부터 생겨 계속 무의식에 지속하다가 아버지의 병환 중에 조심스럽게 변장을 하고 의식으로 들어왔다. 아버지에 관한 적대성의 뿌리는 어린 시절에 있다(GW 11, 193). 아버지는 아이의 성적 활동(자위)을 금지하고, 사춘기를 지난 나이가 되어도 사회적 동기 때문에 금지를 반복한다. 그래서 아이는 아버지를 두려워한다. 아들과 아버지 사이의 이런 일반적 사정은 꿈꾼 사람에게도 해당되는 것이다. 아버지에 대한 그의 사랑에는 존경과 불안이 충분히 섞여 있다. 존경과 불안은 아버지가 아들에게 가하는 유년시절 성생활의 위협이라는 원천에서 흘러나온다.

외현적 꿈의 다음 문장은 자위 콤플렉스Onaniekomplex로부터 설명된다(GW 11, 194).

그는 안색이 나빠 보였다.

나쁜 안색은 청년이 사춘기에 과도한 성적 활동에 빠져 있다는 점을 누설하거나 누설할 위험이 있다는 점을 지적한다. 그런데 꿈속에서는 안색이 나쁜 사람은 꿈꾼 이가 아니라 아버지이다. 꿈꾼 이는 외현적 꿈 내용에서 나쁜 안색을 자신으로부터 아버지로 이전한다. 이것은 꿈 작업의 전도Umkehrung이다.

그는 그 후 계속해서 살아간다.

이 요소는 아버지가 부활하기를 바라는 소망과 일치한다. 이 꿈에는 두 가지 모순적 소망이 충족되고 있다. 하나는 앞에서 지적한 대로 아버지가 죽기를 바라는 소망이며, 다른 하나는 아버지가 살기를 바라는 소망이다. 우리는 자주 동일한 대상에 대하여 이런 양가적 마음을 품는다.

(4) 젊은 부인의 꿈(GW 11, 194-195)

그녀는 집의 거실을 가로질러 가다가 낮게 내려온 샹들리에에 머리를 부딪쳐 피가 났다.

이런 일은 실제로 일어난 적이 없다. 이것에 대해 그녀는 다음 연상을 했다. "어제 어머니가 저에게 제 머리가 계속 빠지면 엉덩이처럼 된다고 말했습니다." 머리는 신체의 한쪽 끝이다. 길게 늘일 수 있는 사물은 남성 성기의 상징이므로, 샹들리에는 상징적으로 이해할 수 있다. 따라서 여기서 문제가 되는 것은 남성의 성기와 부딪쳐 피가 나는 또 다른 신체의 끝이다. 이 꿈은 성생활을 즐기기를 바라는 소망을 충족한다. 여성의 성기에서 피가 나오고 있으니까.

(5) 불륜 생활을 하는 부인의 꿈(GW 11, 196)

빨간 모자를 쓴 장교가 그녀를 따라온다. 그녀는 그를 피해 도망쳐서 계단을 올라간다. 그는 그녀를 계속 따라온다. 숨을 헐떡거리며 그녀는 집에 도착하여 문을 닫는다. 장교는 밖에 머물러 있었다. 그녀가 열쇠구멍으로 내다보니 그는 밖의 벤치에 앉아서 울고 있다.

빨간 모자를 쓴 장교가 따라오고 숨을 헐떡거리며 계단을 올라가는 것은 성행위의 묘사이다. 따라오는 장교를 뒤에 두고 문을 닫았다는 것은 꿈에서 자주 일어나는 전도이다. 실제로 여자는 남자와 오래 만나고 싶었는데, 남자가 성행위를 빨리 끝내 버렸다. 즉 남자가 성행위의 문을 빨리 닫았다. 남자의 조루 때문에 여자가 슬퍼하지만, 그 슬픔도 파트너에게 이전되었다. 실제로 슬퍼서 우는 사람은 여자이지만, 꿈에서 우는 사람은 남자로 뒤집어졌다.

정신분석은 모든 꿈이 성적 의미를 가지고 있는 것으로 해석한다는 비난을 받는다. 이것은 부당한 비판이라고 프로이트는 응답한다(GW 11, 196). 먹고 싶은 욕구, 마시고 싶은 욕구, 자유의 동경을 다루는 꿈, 이기적인 꿈도 있는 것이다. 그러나 매우 심하게 왜곡된 꿈은 대개 성적 욕망이 표출되는 꿈이라고 그는 확신한다.

(6) 외국인의 꿈, 일부다처의 소망을 표출한다(GW 11, 199-200)

그는 여행을 떠난다. 마차에 짐을 실어 역으로 나른다. 여러 개의 가방이 쌓여 있다. 그중에 두 개의 까만 가방이 눈에 띈다. 그는 누군가에게 안심시키는 어조로 말한다. 저것들은 역까지만 간다.

꿈속의 가방은 여성의 상징이다. 두 개의 검은 가방은 꿈꾼이의 삶에서 주요 역할을 하는 두 명의 흑인 여자이다. 그중 한 명은 빈으로 따라오려고 했으나, 그는 프로이트의 충고에 따라 그녀에게 전보를 쳐서 거절했다. 이 꿈은 여러 여자와 살고 싶은 남자의 소망을 충족한다.

(7) 여동생의 가슴을 만져 보고 싶은 오빠의 꿈(GW 11, 200)

그는 여동생을 만났다. 여동생은 자매지간인 두 명의 다른 여자와 함께 있었다. 그는 두 명의 여자와는 악수를 했으나, 여동생과는 하지 않았다.

이런 일은 실제로 일어나지 않았다. 꿈꾼 이는 소녀의 가슴이 늦게 발달한다는 점을 깨달았던 일을 기억했다. 여동생을 동반하던 두 명의 자매는 여자의 유방이다. 그는 여동생의 가슴을 만져 보고 싶어 한다.

(8) 꿈에서 죽음 상징의 사례(GW 11, 200-201)

꿈꾼 이는 두 명의 사람과 함께 높은 철교를 건너가고 있었는데 갑자기 두 사람이 사라졌다. 그들의 이름을 깨어나자마자 잊어버렸다. 그는 꿈속에서 크게 불안을 느꼈다.

꿈꾸는 사람이 꿈속에 등장하는 인물이 누군지 모른다거나 이름을 잊어버렸다고 강조한다면, 그런 사람은 꿈꾼 사람과 매우 가까운 사람이다. 그에게는 두 명의 형제가 있었는데, 그들이 죽기를 바랐다면 꿈속에서 죽음의 불안을 가지는 것이 당연하다.

죽음의 소망은 제거 소망이다. 이것은 꿈꾸는 이의 무제약적 이기주의의 발로이다. 제거 소망은 꿈의 형성인자인데 쉽게 입증할 수 있다. 누군가 우리의 삶에 방해가 되면, 꿈은 그를 죽여버리는 준비를 하게 된다. 그가 아버지, 어머니, 형제, 배우자이든 그렇다. 프로이트는 인간 본성의 사악성Schlechtigkeit에 놀라서 꿈 해석의 결과를 인정하고 싶어 하지 않을 수도 있다는 점을 경고한다(GW 11, 208).

우리가 꿈의 배후에서 형제가 죽기를 바라는 소망을 발견하더라도 놀랄 필요는 없다. 형제들이 싸우지 않는 집은 없다. 투쟁의 동기는 부모의 사랑을 차지하기 위한 경쟁, 공동의 소유물과 주거 공간을 차지하려는 경쟁이다. 어린 시절에 그런 소망의 원형을 힘들이지 않고 찾아볼 수 있는 것이다(GW 11, 209). 형제 사이의 미운 감정이나 경쟁은 인정한다 치더라도 딸과 어머니의 관계나 부모와 자식의 관계에 증오의 감정이 어떻게 들어올 수 있는가?

꿈이 부모의 제거를 바라는 소망을 드러낸다고 해서 놀랄 필요는 없다. 특히 동성 부모의 제거 소망이 꿈에서 뚜렷하다는 점을 프로이트는 강조한다(GW 11, 210-211). 그런 소망은 대낮의 삶에도 현전하는 것이다. 딸은 어머니로부터, 아들은 아버지로부터 동일한 성끼리는 떨어지려는 경향을 보인다. 딸은 어머니에게서 딸의 의지에 제한을 가하고, 성적 자유를 금지하는 사회의 요구를 관철시키려고 분투하는 권위적 모습을 본다. 동일한 것이 아들과 아버지의 관계에서 반복된다. 사회적 강압이 아버지에게서 육화되어 있음을 아들은 본다. 아버지는 아들이 이른 나이에 성적 즐거움을 향유하지 못하도록 가로막는다.

아들은 어머니 때문에 아버지와 싸운다. 아들은 어릴 때 어머니에 대한 특별한 애정을 발전시키기 시작하여 어머니를 자신의 소유로 간주하고, 어머니를 배타적으로 소유하려고 아버지와 경쟁한다. 이와 마찬가지로 어린 딸은 어머니에게서 딸 자신과 아버지 사이의 애정적 관계zärtliche Beziehung를 방해하는 존재를 본다. 이런 태도를 프로이트는 '오이디푸스 콤플렉스

Ödipuskomplex'라고 부른다(GW 11, 211). 오이디푸스 신화는 아들의 상황이 만들어 내는 두 가지 극단적 소망을 실현한다. 그것은 아버지를 죽이고 싶은 소망과, 어머니를 아내로 맞이하고 싶은 소망이다.

예언몽에 대한 정신분석적 설명

꿈이 예언이나 예감의 표현이라고 믿는 사람도 많다. 그러나 인간은 미래를 바라볼 능력은 없다. 프로이트는 예언몽을 정신분석의 방법으로 설명할 수 있다고 믿는다. 다음은 어떤 부인의 예언몽에 대한 프로이트의 분석이다(GW 4, 289-290; GW 17, 19-23).

부인(Frau B)은 오전, 어느 거리Kärntnerstrasse를 산책하다가 히스 Hies 가게 앞에서 예전의 가정의 Dr. K.를 우연히 만났다. 그를 보니 그녀는 지난밤 꿈에서 그를 같은 장소에서 만났다는 확신이 들었다.

이 부인(Frau B)은 지난밤 꿈에서 본 것이 다음 날 실제로 일어났다고 믿는다. 그러나 프로이트는 다르게 생각한다. 부인은 젊어서 능력 있는 나이 든 남자와 결혼했다. 남편은 몇 년이 지나자 재력을 상실했고 폐결핵에 걸려 죽었다. 젊은 부인은 몇 년 동안 음악을 가르치며 환자인 남편을 부양했다. 그 불행한 시절 부인은 여러 친구를 사귀었는데 그중 하나가 가정의 Dr. K.이다. Dr. K.는 그녀에게 첫 번째 레슨 자리를 연결해 주었다. 다른 또 한 명의 친구는 변호사이며, 또 다른 Dr. K.이다. 변호사 Dr. K.는 그녀의 어려운 재정난을 해결해 주었고 그녀를 사랑했다. 그녀 역시 처음이자 마지막으로 정열이 불타올랐다. 그러나 이런 연애 관계는 부인에게 진정한 행복을 주지 못했다. 그녀는 당시 변호사 Dr. K.가 자신을 방문해 주기를 바닥에 꿇어 앉아 소망하면서 흐느껴 울었다. 부인은 그와의 우연한 만남을 자주 소망했고, 변호사 Dr. K.는 자주 그녀를 방문했다.

이 시절부터 25년이 지나서 부인은 가정의를 만나는 꿈을 꾸었다고 생각한 것이다. 그 사이 부인은 재혼하였고 다시 과부가 되었다. 두 번째 남편은 그녀에게 많은 재산을 물려주었다.

부인은 여전히 연인이었던 변호사 Dr. K.와 만나고 있는데 그는 이제 부인의 조언자이며 재산관리인이다.

꿈을 꾸기 전날 밤 부인은 그 남자가 방문해 주기를 기대하고 있었는데, 그는 오지 않았다. 그에게는 만남이 별로 절실하지 않았던 것이다. 부인은 그날 밤에 동경의 꿈을 꾸면서 옛날로 돌아가고 싶었을 것이다. 그녀는 약속도 없이 그가 방문하는 예전의 뜨거운 시절로 돌아가는 생각이 꿈에서 일어났고, 그날 외에도 그런 꿈을 그녀는 자주 꾸었을지도 모른다.

이런 배경에서 소위 예언적 꿈이 일어난다. 그녀는 외출하여 그 거리의 동일 장소에서 옛날의 가정의 Dr. K.와 우연히 만난다. 그들이 거리에서 마주칠 때 그것은 그녀에게 꿈을 회상하게 만든다. "아, 나는 가정의 Dr. K.와 만나는 꿈을 꾸었지." 이것은 사실이 아니다. 그녀가 어젯밤 꿈에서 만난 사람은 의사 Dr. K.가 아니라 변호사 Dr. K.이다. 부인은 변호사 Dr. K.를 꿈꿔 놓고 거리에서 가정의 Dr. K.를 만난 후 그가 꿈에 등장한 것처럼 기억을 조작한 것이다. 이러한 추후적 꿈 형성die nachträgliche Traumschöpfung 덕택에 예언몽이 가능하게 된 것이다.

예언몽처럼 어떤 생각을 하는데 갑자기 그 생각이 실현되는 일도 있다. 프로이트는 그런 일도 정신분석이 설명할 수 있다고 믿는다. 다음은 프로이트 자신의 사례이다(GW 4, 292-293).

　프로이트가 교수로 취임한 며칠 후 시내로 산책을 나갔다. 그는 갑자기 어떤 부부를 향한 유치한 복수 환상이 떠올랐다. 그들은 몇 달 전에 프로이트에게 그들의 딸을 데려와 치료를 부탁했다. 프로이트는 그 아이에게 관심을 기울였지만, 그녀의 부모는 프로이트의 치료 방식을 거부했다. 그들은 최면을 사용하는 외국 출신 권위자에게 딸을 맡겼다. 치료는 실패했다.
　프로이트는 그녀의 부모가 그에게 와서 빌면서 치료를 부탁하는 상상을 하였다. 그러면 프로이트는 이런 대답을 할 것이다. "교수가 되니까 당신들은 나를 신뢰하는군요. 그러나 직위가 달라진다고 내 능력이 변화하는 것은 아니죠. 당신들이 시간 강사인 나를 필요로 하지 않았으니, 교수인 나도 필요할 리가 없지요." 이런 상상의 순간은 중단되었다. "안녕하신지요, 교수님!" 바로 복수 환상에 등장하는 그 부부가 인사를 하며 프로이트를 지나가고 있었던 것이다.

그러나 프로이트가 좀 더 사건을 고려해 보니 경이로운 성격은 사라졌다. 프로이트는 환상 이전에 이미 그들을 보았던 것이다. 프로이트는 인적이 드문 넓은 직선의 길을 걸어가고 있었고, 맞은편에서 그 부부가 걸어오고 있었다. 프로이트는 흘끗 그들을 쳐다보고 그들의 늠름한 자세를 알아보았다. 그런데 이 지각은 부정적 환상의 전범에 따라 감정 동기 때문에 제거되었다. 부정적 환상은 존재하는 것을 보지 못하는 것이며, 긍정적 환상은 없는 것을 보는 것이다. 프로이트는 복수 상상 이전에 그들을 보았지만, 부정적 환상의 작용 때문에 그 지각을 제거하고 복수의 상상에 빠지다가 그들을 우연히 만난 것처럼 생각하게 되었던 것이다.

원래 순서는 '지각-복수 상상-만남'이다. 어떤 사람을 보고 나서 그를 복수하는 상상을 품다가 그들과 만나는 일은 전혀 신기하지 않다. 그러나 부정적 환상으로 지각이 의식에서 제거되면 어떤 사람을 상상하고 있는 순간 그를 만나는 황홀한 경험으로 바뀌는 것이다. '지각-복수 상상-만남'의 과정은 보통의 일이지만, '(지각)-복수 상상-만남'은 경이로운 경험이다.

7.
신경증의 이해

앞에서 프로이트는 실수행위Fehlleistung와 꿈의 정신분석적 접근에 대해 강의했다. 이제 신경증적 현상의 이해로 들어간다. 그것들 사이에는 공통성이 여러 가지가 있다. 그러나 신경증에 대한 정신분석적 접근은 일반인에게는 더욱 납득하기 어렵다. 왜냐하면 신경증의 현상 영역은 실수나 꿈보다 일반인에게 더 낯설기 때문이다.

프로이트는 신경증을 실수행위나 꿈의 연장선에서 바라본다. 그는 신경증의 증상 역시 징후 행동의 하나라고 보는 것이다. 징후 행동Symtomhandlung이란 무의미하게 보여도 어떤 의미나 동기를 가지고 있으며, 시시하게 보여도 중요한 심리 과정을 알려 주는 작은 징후Anzeichen/symptom이다. 그리고 징후의 의미는 행위자의 의식에 접근되지 않는다. 그것은 무의식에 속해 있다.

신경증에 관한 정신분석적 접근의 핵심은 증상의 의미를 밝혀내는 것이다. 그것은 환자에게 물어서 나오는 답변이 아니다. 증상의 의미는 환자는 모르고 있으며, 설사 분석가가 환자에게 의미를 제시한다 하더라도 환자는 거부하기 십상이다.

신경증 증상의 의미는 브로이어J. Breuer에 의해 처음 밝혀졌다. 자네P. Janet도 별도 연구를 통하여 동일한 결론을 내렸다(GW 11, 264). 그들의 결론에 따르면 증상의 의미는 무의식의 영역에 있다. 그런데 무의식을 자네는 말하는 방식, 표현 방식 정도로 여기고, 실재하는 영역nichts Reales이라고 보지 않았다(GW 11, 265). 프로이트는 브로이어처럼 무의식을 의식과 마찬가지로 정신의 실재하는 기관이라고 생각한다.

문 닫기를 소홀히 하는 징후 행동의 분석

먼저 징후 행동의 의미를 정신분석이 어떻게 찾아가는지 보자(GW 11, 253-254). 다음 사례는 프로이트의 환자들이 진료실에서 벌이는 일이다.

　프로이트는 대기실과 진료실 사이에 방음을 위해 문을 이중으로 만들고 문 양쪽에 털을 넣은 천을 붙였다. 대기실에서 진료실로 들어오는 사람들이 문을 닫지 않는 경우가 늘 발생했다. 프로이트는 딱딱한 목소리로 환자에게 다시 돌아가 문을 닫으라고 했다. 그 문을 열어 두고 들어오는 사람은 속물이므로 딱딱한 대우를 받아도 된다고 프로이트는 생각한다. 환자가 문 닫기를 소홀하게 하는 경우는 대기실에 혼자 기다리다가 진료실로 들어오는 때이다. 그때 대기실에는 아무도 없다.

　환자의 소홀한 행동은 우연적이지 않고 중요하지 않은 것도 아니다. 왜냐하면 그 행위는 의사와 환자의 관계를 밝혀 주기 때문이다. 그는 전화를 해서 언제 방문하는 것이 가장 좋을지 문의하였을 수도 있다. 그는 환자가 아주 많을 것이라고 예상했다. 그러나 대기실에 자신 외에는 아무도 없다는 것을 발견한다. 그는 의사를 존경하는 비용을 너무 과도하게 사용했다는 점을 깨닫고 의사를 경멸함으로써 비용의 일부를 회수하고 싶어 한다. 의사를 경멸하기 위해 그는 대기실과 진료실 사이의 문을 닫지 않고 열어 두는 것이다. 이 행위는 다음처럼 의사에게 불평한다. "여기 아무도 없잖아. 내가 진료 받는 동안에도 아무도 오지 않을 거야."

진료실과 대기실 사이에 문을 닫지 않고 들어오는 환자의 행동은 징후 행동이다. 왜냐하면 그것은 시시하게 보이지만 중요한 어떤 정신적 사건을 암시하고 있으며, 징후가 지시하는 중요한 정신적 사건이 징후 행동을 수행하는 사람의 의식에는 알려져 있지 않기 때문이다. 그 중요한 사건이 바로 징후의 동기, 의미, 의도이다. 이것은 행위자의 의식이 접근할 수 없다. 문을 열어 두는 행동을 수행하는 환자는 그 행동의 동기가 의사를 경멸하기 위한 것이라는 점을 모르며, 의사가 그것을 제시해도 환자는 인정할 수 없다.

질투망상을 겪는 부인의 증상 분석

다음은 질투망상으로 고통을 겪는 53세 부인의 증상이다(GW 11, 254-256). 부인은 건강하고 매우 유복한 환경이지만 터무니 없는 관념 때문에 그녀의 모든 것을 망가뜨리고 있다. 부인은 남편의 연인에 대한 질투 때문에 괴로워하고 있는데, 정작 부인은 남편이 불륜을 저지르는 데 관한 증거가 아무것도 없다는 점을 인정하고 있다. 그러나 질투망상이 부인을 고통에 몰아넣고 있다.

부인은 큰 공장을 운영하는 남편과 시골에서 매우 행복한 삶을 살아가고 있다. 연애결혼한 지 30년 동안 다투는 일도, 질투할 일도 없었다. 그런데 1년 전 믿을 수 없는 일이 벌어졌다. 그녀의 남편이 젊은 여자와 연인 관계를 맺고 있다는 것을 보고하는 편지를 받았다. 보낸 사람의 이름은 적혀 있지 않았다. 그녀는 즉각 그것을 믿어서, 행복은 파괴되었다.

부인은 가정부를 두고 있었다. 그녀와 부인은 자주 친밀한 이야기를 나누곤 했다. 가정부는 자신보다 낮은 계층 출신인데도 자신보다 성공한 학교 동기 여자에게 적의를 품고 있었다. 동기는 상업학교를 마치고 부인의 남편이 운영하는 공장에 취직했다. 전쟁에 남자들이 징집되고 자리가 비어 그 여자는 높은 지위로 승진했다. 부인이 받은 편지에서 남편과 사귄다는 여자는 바로 이 여자이다. 편지를 받기 하루 전 부인은 가정부와 잡담을 나누었다. 화제는 젊은 여자와 바람난 어떤 신사였다. 이때 부인은 가정부에게 다음과 같이 말했다. "내 남편이 그런 관계를 벌인다면 정말 끔찍한 불행일 기야."

부인은 남편의 불륜을 보고하는 편지가 가정부의 음모라는 점을 간파했다. 왜냐하면 남편의 연인이라고 지목한 여자는 바로 가정부가 미워하는 그 동기생이기 때문이다. 부인은 음모를 눈치챘다. 그럼에도 불구하고 부인은 엄청난 홍분상태에 빠졌고, 곧장 남편에게 달려가 격렬한 비난을 퍼부었다. 남편은 웃으면서 그녀의 비난을 부인하고 의사를 불러 그녀를 진정시켰다.

그 후 부인은 편지의 내용을 믿지 않으려고 노력하면서 자신을 안정시키려고 시도했다. 그러나 그런 노력은 근본적으로 그리고 지속적으로 성공을 거두지는 못했다. 그 처녀의 이름이 들리거나 그녀와 거리에서 마주치면 불신과 고통이 새롭게 밀려와서 그녀에게 비난을 쏟아붓지 않을 수 없었다.

남편에 대한 부인의 의심은 논리적으로 이해할 수 없는 일이다. (1) 부인은 사랑스런 남편이 편지에서 보고하듯이 그런 부류의 남자라는 증거가 아무것도 없다는 점을 믿고 있다. 그 편지가 어떻게 조작되었는지도 안다. (2) 그럼에도 불구하고 부인은 질투Eifersucht가 정당한 것처럼 인정하고 고통을 겪고 있다. 논리라는 것은 앞뒤가 맞는 것인데, (1)과 (2)의 심리 과정은 그렇지 않다. 보통 사람은 어떤 믿음이 근거가 없다는 것을 알면 그것을 믿지 않는다. 그러나 부인은 특정 믿음을 믿지 않으면서 믿고 있다. 프로이트는 논리적으로 이해되지 않는 이런 생각을 망상Wahnidee/delusion이라 부른다(GW 11, 257). 이 부인은 질투망상Eifersuchtwahn을 겪고 있는 것이다.

망상의 유래는 사위에 대한 부인의 연정이다

이 망상은 어디에서 유래하였을까? 망상은 편지 때문에 일어난 것은 아니다. 그 전에 망상은 공포나 소망의 형태로 이미 부인에게 존재하고 있었다. 두 시간의 분석 동안 그녀는 프로이트에게 어떤 단서도 주기를 거부하면서, 즉 분석 작업에 저항하면서도 질투망상의 유래를 이해할 수 있게 하는 몇 가지를 언급했다(GW 11, 258-259). 그것이 무엇인지 프로이트는 책에서 밝히지 않았는데, 지면 사정이거나 환자의 사생활 보호 때문일 것이다.

프로이트의 분석에 따르면, 부인은 어떤 청년을 뜨겁게 사랑하고 있었다. 그 남자는 바로 부인의 사위이다. 부인은 이 사랑을 전혀 알지 못하거나 거의 알지 못하고 있다. 그런 연정은 매우 나쁜 일이므로 의식될 수 없다. 그러나 연정은 계속 잔류하여 그녀에게 무거운 압박을 행사하고 있다. 무언가가 일어나 그녀를 도와주어야 한다.

가장 손쉬운 위로 방법은 전위 메카니즘Verschiebungsmechanismus 이다(GW 11, 259). 만약 부인이 젊은 남자를 사랑하는데 그녀의 남편도 젊은 여자를 사랑한다면, 부인은 자신의 부정이 일으키는 양심의 가책을 덜 수 있다. 남편의 부정에 대한 망상은 부인의 마음에 불타는 상처를 치료하는 시원한 고약이다. 부인은 자신의 상태를 남편에게 투사Projektion한다(GW 11, 260).

부인의 연정은 의식되지 않는다. 부인은 자신이 사위를 사랑하고 있다는 점을 모른다. 그 대신 부인은 자신의 질투는 의식하고 있다. 질투나 질투에서 비롯된 행동은 증상이다. 그것은 원상Urbild이 아니라 그것이 비친 거울상Spiegelbild이다(GW 11, 259). 거울상은 질투망상으로 나타나고 있고, 그 심리 과정은 의식되고 있으나, 그것의 원상은 무의식에 은폐되어 있다.

부인의 질투망상은 어떻게 제거할 수 있을까? 부인에게 남편과 그 처녀는 전혀 사귀는 관계가 아니라는 점을 아무리 증명해도 소용없다. 그것을 납득하더라도 부인은 여전히 그 여자를 질투하고 남편을 미워할 것이다. 질투는 부인에게 원래의 사건이 아니라 그것의 거울상에 불과한 것이다. 질투망상을 제거하려면 질투의 증상이 지시하는 원상을 처리해야 한다. 원상은 사위에 대한 부인의 사랑이다. 이것을 처리하지 않으면 질투망상은 치료되지 않을 것이다. 부인은 여전히 건강하고 53세의 나이라서 성적 욕구가 강렬한데 남편의 성 능력은 떨어졌을 수 있다. 부인의 성적 불만이 새로운 남자에 대한 연정을 일으키고 있었던 것이다.

강박신경증의 분석

신경증적 증상은 실수나 꿈처럼 나름의 의미를 가지고 있다.

프로이트는 강박신경증Zwangsneurose의 사례에서 그 의미를 분석한다. 강박신경증은 증상이 히스테리Hysterie와 달리 신체에 나타나지 않고 정신의 영역에 머문다. 히스테리나 강박신경증은 신경증의 형식이다. 이것들을 연구하기 위해 성신분석이 건설되었다(GW 11, 265).

첫 번째 사례: 강박행동Zwangshandlung

다음은 30세 정도의 부인의 사례이다. 그녀는 심각한 강박현상으로 고통을 겪고 있다(GW 11, 268-270). 부인은 하루에도 몇 번씩 특이한 강박행동을 수행한다. 그녀는 자신의 방에서 나와 옆방으로 가서 중앙의 탁자 옆 특정한 지점에 서서 벨을 눌러 가정부를 부른다. 가정부에게 사소한 일을 시키거나 아무것도 시키지 않고 그냥 돌려보내고 다시 부른다. (나중에 알고 보니 탁자보 위에는 얼룩이 있었고, 그것을 가정부가 보게 하려고 부인은 특정한 위치에 서서 가정부를 그 방에 부른 것이었다.)

프로이트는 그녀에게 물었다. 왜 당신은 그렇게 했나요? 그것은 무슨 의미가 있나요? 그녀는 모른다고 대답했다. 어느 날 갑자기 그녀는 강박행위가 무엇을 의미하는지 인식하고 프로이트에게 설명해 주었다.

그녀는 10년 전 아주 나이가 많은 남자와 결혼했다. 그는 신혼 첫날밤 성불구임이 드러났다. 그는 이날 밤, 수도 없이 자신의 방에서 나와 그녀의 방으로 달려가서 시도를 반복했지만 한 번도 성공하지 못했다. 아침이 되자 남편은 짜증스럽게 말했다. 가정부가 침대를 정리할 때 알게 되면 창피를 당할 수 있다. 그러면서 방에 있던 빨간 잉크 병을 들고 잉크를 침대보 위에 쏟았다. 그런데 얼룩이 있어야 할 위치와 다른 곳에 부었다.

부인의 첫날밤 경험을 고려하면, 신혼 첫날밤의 광경과 부인의 강박행동 사이의 연관은 확실한 것이다. 프로이트는 부인의 강박행위를 다음과 같이 분석한다(GW 11, 270-271).

(1) 부인은 자신을 남편과 동일화했다identifizieren. 그녀는 이 방에서 저 방으로 이동하면서 남편의 역을 연기했다. 그녀는 남편의 역할에 충실하기 위해 침대와 침대보를, 탁자와 탁자보를 바꾸어 놓았다.

(2) 강박행위의 핵심은 가정부를 불러 얼룩을 보게 하는 행

동이다. 이것이 강박행위의 의미를 드러낸다. 그녀는 남편의 행동을 단순히 반복하지 않고 그것을 수정한다. 그녀는 남편의 성불구를 수정한다. 탁자 위의 얼룩은 제자리에 있었던 것이다. 그러므로 가정부 앞에서 남편은 창피할 필요가 없다. 강박행위는 이렇게 말한다. "아니야. 그건 사실이 아니야. 남편은 가정부 앞에서 창피할 필요가 없어. 남편은 성불구가 아니야." 강박행위는 꿈의 방식처럼 부인의 소망을 지금의 행동 속에서 충족된 것처럼 표출한다.

위의 해석은 실제 부인의 사정과 부합한다(GW 11, 271). 부인은 몇 년 전부터 남편과 별거하고 있으며, 이혼하고 싶은 의도와 싸우고 있다. 부인은 남편에게 정절을 지키려고 하며, 유혹에 빠지지 않기 위해 세상으로부터 담을 쌓고 살고 있다. 부인은 자신의 환상(남편의 성불구를 부정하는 강박행위) 속에서 남편을 용서하고 과대평가한다. 프로이트에 따르면, 부인의 질환의 가장 깊은 비밀은 그녀가 자신의 병을 통하여 남편이 나쁜 소문에 피해를 보지 않도록 하여 남편을 보호하는 것이다. 즉 별거의 이유를 자신이 짊어져서 남편이 편안한 생활을 하도록 하는 것이다.

프로이트는 부인이 신경증의 증상을 스스로 선택한 것처럼 서술한다. 부인이 스스로 질병에 걸리는 목적은 남편의 성불구를 용서하고, 남편이 편안하게 살 수 있도록 하기 위해서라는 것이다. 그럴 수도 있다. 그러나 그것과 함께 증상의 또 다른 의미를 강조할 수 있다. 부인의 강박행위의 목적은 남편의 성불구를 부인하는 것이다. 성불구를 부인하면, 다시 말해 남편이 건강한 남자라면 부인은 남편과 성행위를 할 수 있다. 부인은 남편의 성불구를 부정함으로써 환상 속에서 성적 소망을 충족한다. 이것이 증상의 궁극적 의미일 수도 있을 것이다.

두 번째 사례: 수면 의식 Schlafzeremoniel

19세의 풍만하고 재능 있는 처녀는 외동딸인데 어릴 때에는 거칠고 발랄했다. 그런데 최근 몇 년 동안 눈에 띄는 외적 영향 없이 신경증 환자가 되었다. 특히 어머니에게 화를 잘 내고, 늘 불만이고, 의욕이 없고, 어떤 결정도 내리지 못하고, 의심이 많고, 결국은 혼자서는 광장이나 큰 거리로 나갈 수 없다고 고백한다. 프로이트는 그녀의 복합적 질환 상태를 보고 광장공포증

Agoraphobie과 강박신경증 두 가지 진단을 내릴 수 있다고 본다. 이 처녀는 또한 수면 의식의 증세도 발전시켜 부모를 고통 속에 빠뜨리고 있다. 프로이트는 이 증세에 분석을 집중한다(GW 11, 272-276).

정상인들도 수면 의식을 거행한다. 잠들기 전에 일정한 형식의 행동을 밤마다 반복한다. 건강한 사람이 수면의 조건으로 수행하는 것들은 합리적이라 이해할 수 있다. 그러나 환자는 커다란 희생을 치르고서라도 의식을 양보하지 않는다. 병적 의식은 정상적 의식과 세심한 정도만 다른 것처럼 보이지만, 자세히 관찰하면 병적 의식은 합리적 근거를 벗어나며 그것과 충돌하기도 한다.

이 환자는 수면 의식의 동기가 잠에 들기 위해 평온이 필요하고 소음의 원천이 모두 제거되어야 한다는 점이라고 말한다. 이러한 의도에서 그녀는 두 가지 일을 한다.

(1) 그녀의 방에 있는 큰 시계는 정지하게 하고, 다른 모든 시계들은 방밖으로 내다 놓는다. 손목 시계도 침대 옆 탁자에 두지 않는 것이다. 화분과 꽃병은 그것들이 떨어져서 잠을 방해하지 않도록 책상 위에 모아 둔다. 이런 조치들이 수면의 조건

인 평온에 부합하는 것처럼 보인다. 그러나 작은 시계는 바늘이 가는 소리가 들리지 않는다. 화분과 화병도 제자리에 있으면 떨어져 부서질 염려가 없다. 그녀도 이 점을 인정한다.

수면 의식의 다른 절차도 평온의 조건과 거리가 멀다. 그녀와 부모 방 사이의 문은 열어 두고, 여러 가지 물건을 열린 문 사이에 끼워 놓는다. 이것은 오히려 소음의 원천이 된다.

(2) 가장 중요한 조건은 침대와 관련되어 있다. 침대 머리맡의 베개는 침대의 나무벽에 닿아서는 안 된다. 이 베개 위에 작은 베개가 중앙에 마름모꼴을 형성하도록 둔다.

그녀는 이런 조치들을 모두 질서있게 해야 한다. 한두 개가 수행되지 않았을까봐 그녀는 걱정하며 확인을 하다 보니 한두 시간이 훌쩍 흘러간다. 처녀는 잠이 들지 못하고, 딸을 염려하는 부모도 잠을 잘 수가 없다.

처녀는 어느 날 갑자기 베개가 침대의 나무벽에 닿아서는 안 된다는 지침을 이해했다. 그러면서 수면 의식의 핵심을 통찰했다. 베개는 여자이고 침대의 똑바로 서 있는 나무벽은 남자이다. 그녀는 마법적 방식으로 남자와 여자를 분리해 놓으려고 했다. 즉 부모를 서로 떨어뜨려 부부관계를 하지 못하게 한 것이다. 그녀는 불안한 척하여 부모 방과 그녀 방 사이의 문을 닫지 못하도록 했다. 이렇게 어머니와 아버지의 성관계를 방해하고자 하는 이유는 무엇일까? 그녀 자신이 어머니의 자리를 차지하기 위해서이다.

8.
신경증의 의미와 치료

신경증에는 크게 외상성신경증과 자발적 신경증 두 종류가 있다. 외상성신경증은 오늘날 외상후스트레스장애post traumatic stress disorder처럼 외상 때문에 일어난 신경증이다. 열차 충돌 사고나 그 외 생명을 위협하는 끔찍한 일이 벌어지고 나서 그 외상이 신경증을 유발한다면 그것은 외상성신경증이다. 프로이트는 외상성신경증을 제1차 세계대전 이후 자주 보았고 그래서 외상성신경증을 전쟁신경증이라고 부르기도 한다. 외상성신경증은 정신분석이 다루는 자발적 신경증과 근본적으로 다르다. 자발적 신경증이란 환자가 그런 외상이 없는데도 자발적으로 선택하는 질환이다. 앞에서 언급한 두 강박신경증 환자에게는 외상이 없다. 그런데도 그들은 신경증을 선택한 것이다.

두 종류의 신경증이 하나 일치하는 것은 과거에 고착하는 것이다(GW 11, 283-284). 외상성신경증 환자는 외상적 사건의 순간에 고착되어 있다. 그들은 꿈속에서 규칙적으로 외상적 상황을 반복한다. 자발적 신경증 환자도 과거에 고착되어 있다. 앞의 사례에서 19세의 소녀는 아버지와 행복했던 어린 시절에 고착되어 있다. 이런 유사성이 있으나 정신분석이 다루는 자발적 신경증을 외상성신경증이라고 혼동해서는 안 된다. 프로이트는 그가 치료하는 환자들이 고착되어 있는 어떤 과거의 사건을 외상적 체험이라고 부를 수는 있다고 본다. 그러나 외상 때문에 그의 환자들이 신경증 환자가 되는 것은 아니므로 외상성신경증은 아닌 것이다. 자발적 신경증 환자들은 외상적 체험 외에도 그들이 스스로 질병을 삶의 방식으로 선택한다. 프로이트는 『문명 속의 불만』에서 사람들이 선택하는 인생의 기술을 열거한 후 신경증을 최후의 기술이라고 언급했다.

프로이트는 앞의 두 환자(강박신경증)의 사례에서 도출되는 두 가지 중요한 결론을 먼저 정리한다. 그리고 이것을 토대로 신경중 치료의 공식을 제시한다.

첫 번째 결론: 환자는 과거에 고착되어 있다

두 환자는 과거의 특정 조각에 고착되어 있어서, 그것으로부터 벗어날 줄 모르고, 현재와 미래로부터 소외되어 있다는 인상을 우리에게 준다. 그들은 현재와 미래에 관한 관심을 포기하고 계속 과거에만 매달린다. 예전에 사람들은 가혹한 인생의 운명을 견뎌 내기 위해 수도원에 물러가서 은거하곤 했다. 그들처럼 환자들은 자신을 질병에 박아 두고 과거에 머무르고 있다.

(1) 첫 번째 여자 환자를 비운에 몰아넣은 것은 사실상 끝난 남편과의 혼인이다(GW 11, 282). 그녀는 증상을 통하여 남편과의 관계를 계속 지속하고 있다. 그녀는 손해 본 것을 한탄하면서도 그를 용서하고 옹호하고 추켜세우고 있다. 그녀는 아직 젊어서, 다른 남자를 만날 역량이 있으나 남편에게 정절을 지키기 위해 온갖 방책을 구사했다. 그녀는 낯선 사람들 앞에 나

가지 않았고, 외모에도 무심했다. 그녀는 결혼이라는 과거에 계속 머물고 있는 것이다.

(2) 두 번째 환자는 사춘기 시절 이전에 벌어졌던 부친에 관한 애착eine erotische Bindung에서 벗어나지 못하고 있다(GW 11, 282). 그녀는 결혼하고 싶지 않았고, 결혼하지 않을 길을 찾았다. 아프면 결혼할 수 없는 것이다. 그녀는 결혼하지 않고 아버지 곁에 머물기 위해 질병에 걸린 것이다. 그녀는 첫 번째 환자처럼 자발적으로 질병에 빠져 과거에 머물고 있다는 것이다.

이런 태도는 신경증의 일반적 성격이다. 프로이트는 환자의 분석을 통하여 다음을 알 수 있게 되었다: 환자는 자신의 증상 속에서 그리고 증상으로부터 나온 결과들을 통하여 과거의 특정 시절로 되돌아간다(GW 11, 283). 이런 고착 경향을 프로이트는 모든 신경증에서 발견한다.

두 번째 결론: 무의식의 영역은 실재한다

두 환자의 분석에서 나오는 두 번째 결론은 무의식 심리 과정의 실재이다(GW 11, 287). 첫 번째 여자 환자는 강박행동을 반복할 때 그것이 과거의 체험과 연관되어 있음을 알지 못했다. 둘 사이의 연결은 그녀에게 은폐되어 있다. 그녀는 어떤 동기에서 그런 행동을 수행하는지 모른다고 대답했는데 그것은 진실이다. 그녀는 프로이트의 치료 덕택에 갑자기 둘 사이의 연관을 깨달았으나, 그래도 여전히 그녀가 강박행동을 수행하는 진정한 의도는 모른다. 그 의도는 과거의 고통스런 조각을 수정하고 사랑하는 남편을 높은 지위로 올려놓는 것이다. 이 의도가 강박행동을 수행하도록 하는 힘이다(GW 11, 286).

강박행위를 수행하는 동안 그녀는 행위가 어디에서 유래하는 것인지woher, 무엇을 위한 것인지wozu 알지 못했다. 이 둘을 프로이트는 강박행위의 의미Sinn라고 한다(GW 11, 286). 정신적 사건들이 그녀 내부에서 작동했고, 강박행위는 그 사건들의 귀결이다. 귀결은 정상적 정신상태 속에 있었다. 정상적 정신상태란 바로 의식이다. 심리적 사건이나 과정이 의식의 영역에서 일어나기 때문에 그것들을 그녀가 알았다. 그러나 이런 귀결을 초래한 심리적 선행조건은 그녀는 몰랐다. 이 심리적 선행조건이 바로 증상의 의미이다. 환자에게 증상은 알려지고 있지만,

의미는 그렇지 못하다.

프로이트는 신경증 환자가 최면에 걸린 사람처럼 꼭 그렇게 행동한다는 점을 통찰했다(GW 11, 286). 최면술사가 환자에게 최면에서 깨어나 5분 후에 우산을 펴라는 암시를 준다. 환자는 그렇게 행동한다. 그러나 왜 그렇게 하는지는 모른다. 행위를 하면서도 그것의 의미는 모른다는 점에서 신경증 환자와 최면에 걸린 사람의 행동은 비슷한 것이다.

증상의 의미는 무의식에서 일어나는 심리적 사건이다. 프로이트는 무의식이 실재한다고 본다(GW 11, 287). 반면 무의식이 과학적 의미에서 실재하는 것이 아니라 응급수단, 즉 표현 수단une façon de parler이라고 자네는 주장한다. 자네는 무의식이 실재의 심리 기관이라고 보지 않는 것이다. 프로이트가 무의식이 실재하는 기관이라고 믿는 이유는 실재하는 결과(강박행위)를 초래하는 것을 실재하지 않는다고 말할 수는 없기 때문이다.

두 번째 환자는 베개가 침대의 나무벽에 닿아서는 안 된다는 규칙을 만들었다. 그녀는 그것이 어디에서 유래하는지, 어떤 목적에 봉사하는지, 어떤 힘이 그 규칙적 강박행위를 이끌고 있는지를 몰랐다. 프로이트는 그런 힘은 낯선 세계에서 온

막강한 손님 같은 인상을 준다(GW 11, 287)고 한다. 그것은 사멸하는 존재자들 속으로 들어오는 불멸의 존재Unsterbliche같다. 그것은 정신생활의 차단된 영역이다. 정신 속에 무의식의 영역이 실재하는 것이다.

치료는 무의식을 의식으로 변환하는 기술이다

두 환자의 사례분석에서 프로이트는 앞에서 논의한 두 가지 중요한 귀결을 끌어내었다. 이것이 전부는 아니다. 두 개의 결론에 토대를 두고 프로이트는 무의식과 중상의 관계에 관한 이해를 확대한다. 중상의 의미가 대개 무의식적이라는 점 외에, 이 무의식적 힘과 중상 사이에는 대체Vertretung 관계가 성립한다. 중상은 무의식의 영역에서 벌어지는 심리적 사건에 대한 대체인 것이다(GW 11, 288-289).

프로이트는 브로이어와 함께 다음을 주장한다. "중상을 만날 때마다 환자에게는 특정한 무의식의 과정(사건), 즉 중상의 의미가 내포되어 있다. 이 의미는 무의식적 영역에 있으며, 무의식적 영역에 있기 때문에 중상이 발생한다. 의식의 과정(사건)

으로부터는 증상이 형성되지 않는다. 해당 무의식의 사건이 의식되면 증상은 사라진다."

정신분석에서 치료의 길은 분명하다. 치료란 증상을 제거하는 것, 환자를 증상으로부터 벗어나게 하는 것이다. 정신분석적 치료의 기술은 증상의 의미를 내포하는 무의식의 사건을 환자가 의식하게 만들어 증상을 사라지게 한다. 이것을 브로이어가 처음으로 발견했다(GW 11, 289-290). 브로이어의 발견은 정신분석적 치료의 토대이다. 증상의 무의식적 선행조건을 의식하게 만들면 증상은 사라진다는 명제는 이후의 연구에 의해 입증되었다고 프로이트는 믿는다.

브로이어와 프로이트는 초기에 그렇게 환자를 치료하지 않았다. 그들은 이른바 정화(카타르시스)법을 사용했다. 정화법은 환자가 자신의 마음속에 떠오르는 상념이나 감정, 욕망을 의사 앞에서 털어놓도록 하는 방법이다. 이렇게 마음을 씻어 내는 정화 과정은 성당의 고해성사나 일반 심리 상담에서도 일어난다. 정화법은 치료 효과가 나름대로 있지만 효과는 단기적이어서 자주 재발한다. 브로이어와 프로이트는 정화법을 사용하다가 정신분석적 치료를 발견했다. 정신분석은 심정을 털어놓고 마음을 씻어 내어 증상을 제거하는 것이 아니라, 증상의 원인을 무의식에서 발견하여 증상을 제거한다. 정화법의 심리치료와 무의식을 발견하는 정신분석은 완전히 다르다.

9.
저항과 억압

치통 때문에 치과를 방문한 환자가 막상 치아를 뽑기 위해 집게를 들고 다가오는 의사를 팔로 밀쳐 내는 일은 없을 것이다. 그러나 이런 식의 치료 거부는 정신분석에서는 자주 일어난다. 환자들은 치료의 전 과정에서 치료에 저항Widerstand을 행사한다. 분석가가 환자들을 증상으로부터 해방시켜 주려고 할 때 환자는 저항 자체를 인식하지 못하면서 분석에 저항하는 것이다. 환자들은 자신이 분석을 아예 거부하거나 힘들게 만들고 있다는 점을 알지 못하면서 그렇게 하고 있는 것이다.

왜 환자들은 치료에 저항하는가? 두 가지 이유가 있다. 하나는 증상이 환자에게 만족을 주기 때문이다. 다른 하나는 억압 때문에 증상의 원인을 환자들은 보고 싶어 하지 않는다는 데에 있다.

환자는 증상을 즐기고 있다

많은 분석가들은 환자가 진실로 변화하기를 원하지 않는다면 치료는 아무 가치가 없다고 믿는다. 심리치료가 성공을 거두지 못한다면 그 이유는 환자의 변화 의지가 충분하지 못하기 때문이라고, 분석가들은 책임을 환자에게 넘긴다. 라캉의 접근 방식은 완전히 다르다.[6] 환자는 실제로는 변화하려고 하지 않는다. 환자는 프로이트가 '대체 만족'이라고 부르는 것을 증상으로부터 획득하기 때문에 쉽사리 증상을 포기하려고 하지 않는다. 증상은 어떤 식이든 만족을 제공한다. 이 점은 외부의 관찰자나, 환자 본인에게는 잘 보이지 않을지라도 어떤 의미에서는 환자는 자신의 증상을 즐기고 있다.

---

6 Bruce Fink. *A Clinical Introduction to Lacanian Psychoanalysis: Theory and Practice*. Harvard University Press. 1997. 3, 7, 9쪽.

증상은 고통스럽다. 그런데 환자는 그것을 즐긴다. 증상은 고통과 만족을 동시에 준다. 만족이란 단어는 증상이 제공하는 쾌락의 종류를 서술하기에는 너무 단순한 용어이다. 어떤 사람들은 인생에서 만족이 결여되어 있다고 불평하면서도, 치료를 받으려고 하지 않는다. 그들은 상태가 불만족스럽지만, 만족의 결여가 타인 때문이라며 타인을 비난하는 데서 만족을 얻기 때문이다. 어떤 사람들은 스스로를 괴롭히는 것으로부터, 자신을 고통스런 경험으로 몰아넣는 것으로부터 엄청난 쾌락을 얻는다. 불어는 고통 속의 쾌락, 또는 불만 속의 만족에 대한 멋진 단어, '주이상스jouissance'를 가지고 있다. 환자뿐만 아니라 보통 사람들도 주이상스를 경험한다. 예를 들어 사람들은 자신을 처벌함으로써 후련해 한다. 그들은 자신을 해침으로써 즐거움을 경험하는 것이다.

환자는 자신을 알고 싶어 하지 않는다

환자가 변화하고자 하는 진정한 소망을 품고 치료받으러 오지 않듯이, 그들은 자기-인식의 진정한 소망도 가지고 있지 않다. 그들은 진정으로 자신을 알고 싶어 하지 않는다. 처음에 환자들은 무엇이 잘못되었는지, 그들의 인간관계가 왜 파탄인지 등을 알고 싶다는 소망을 표현한다. 그러나 그들의 마음 깊은 곳에는 그런 것들에 대해 어떤 것도 알고 싶지 않다는 소망이 있다고 라캉은 말한다. 환자들은 그들이 정말로 무엇을 하고 있는지, 어떤 일을 해서 인생을 망치고 있는지를 알 때가 되면, 더 이상 나아가려 하지 않고, 치료에서 도망한다. 그들은 자신의 깊은 동기를 통찰하거나, 그 동기들이 역겹다고 느끼게 될 때 자주 치료를 중단한다. 회피는 신경증의 가장 기본적 경향이다. 환자는 증상의 기전에 관해 아무것도 알고 싶어 하지 않는다. 그의 증상이 왜, 어디서 생겨났는지 오히려 모르고 싶어 한다.

정신분석의 기본 규칙에 저항한다

프로이트는 환자의 저항이 다양하고 세련되어서 알아채기 매우 어렵다는 점을 강조한다. 우선 환자는 정신분석치료의 기본을 지키지 않는다. 정신분석치료에서 분석가는 환자가 깊이 생각하지 않고서 자신의 관찰에 들어가서 모든 것을 털어놓도록 요구한다. 환자는 자기가 마음속에서 관찰하는 감정, 사상, 기억을 일어나는 대로 말해야 하며, 수치스럽다거나 중요하지 않다고 해서 어떤 인상은 선택하고 어떤 것은 배제하지 않아야 한다.

환자들은 이러한 정신분석치료의 기본 규칙에 저항한다(GW 11, 297-298). 그는 어떤 것도 떠오르지 않는다고 말하다가, 곧 너무 많은 것들이 밀려와서 어떤 것도 포착할 수 없다고 말한다. 환자는 말하다가 오랫동안 멈추기도 하고, 수치스러워서 아무 것도 말할 수 없다고 고백하기도 하고, 어떨 때는 그에게 떠오르는 상념들이 중요한 것이 아니라며 말하기를 거부한다. 그러나 이런 지점에서 프로이트는 환자가 자신을 노출한다는 점을 통찰한다. 자신을 어떤 지점에서 숨기면 바로 그곳이 그를 드러내게 되는 것이다.

환자들은 주말에 본 영화 이야기나 읽은 책의 내용을 분석가들에게 말한다. 그들은 분석가가 분석에서 찾고자 하는 것으로부터 거리가 먼 연상물을 제시하여 분석을 실패하게 만들기 위해 쓸데없는 얘기를 늘어놓는 것이다(GW 11, 299). 이런 쓸데없는 화제를 늘어놓는 것도 저항의 산물이다.

저항은 지성적 저항으로도 나타난다(GW 11, 299). 환자는 분석 이론의 난점을 따지며 분석가와 학술적 논쟁을 하려고 한다. 환자들은 분석가가 그들을 가르쳐 주고 그들의 주장을 반박해 달라고 요구하며, 읽을 책을 소개해 달라고 말하기도 한다. 프로이트는 이런 식의 알고자 하는 욕구Wißbegierde를 저항으로 받아들인다. 왜냐하면 환자들은 그런 일반적·학술적 토론에 참여하여 환자의 특정한 증상을 이해하려는 현안으로부터 벗어나고자 하기 때문이다.

전이는 최악의 저항이다

지성적 저항이 최악은 아니다. 가장 심각한 저항은 전이Über-tragung라고 프로이트는 이해한다(GW 11, 300). 전이란 환자가 어린 시절 부모와 경험한 것을 의사에게 옮기는 현상을 말한다. 환자는 어린 시절 아버지와 동일화하거나 아버지를 능가하는 것을 최초의 인생 과제로 삼은 적이 있다. 환자는 아버지의 자리에 의사를 옮겨 놓고 아버지에 반항하듯이 의사에게 반항한다. 환자는 의사가 치료에서 오류를 범하도록 하고, 무기력감을 갖게 만들어 의사에게 승리를 거두고자 한다. 이것은 어린 시절 환자가 아버지에 대해 취했던 태도를 의사에게 옮겨 놓은 것이다.

환자가 여자라면 치료에 저항하기 위해 의사(남자 의사)에게 애착적, 성적 색채가 강렬한 전이의 태도를 취한다. 여자 환자는 남자 의사를 사랑한다. 그 감정에 몰두하여 치료에 대한 관심은 잊어버리고, 치료에 필요한 의무를 저버린다. 의사는 환자의 애착적 접근을 부드럽게 거부할 것이다. 그렇다 하더라도 환자는 의사에게 질투와 분노를 느껴 분석에 협조하지 않는다. 이것 역시 환자가 어린 시절 아버지에게 경험한 일을 의사에게 옮겨 놓은 것이다.

저항은 증상의 동력을 드러낸다

저항이 나쁜 것만은 아니다. 분석가는 저항을 통하여 환자를 이해하는 단서를 발견한다. 저항은 환자의 과거에 대한 매우 중요한 자료를 포함하고 있으며, 그것을 재현하기 때문에 분석을 위한 가장 좋은 자료가 되는 것이다. 신경증 환자들은 증상을 제거하려는 의사의 작업에 저항한다. 저항의 경험은 분석가가 신경증을 일으키는 동력을 파악하는 데 토대가 된다.

프로이트는 초기에 브로이어처럼 최면술을 활용하여 환자를 치료했다(GW 11, 301-302). 그러나 치료의 효과는 들쑥날쑥하고 지속하지 못하여, 그는 최면을 포기해 버렸다. 그 후 프로이트는 최면을 이용하는 한 질병의 동력을 파악할 수 없다는 점을 깨달았다. 최면 상태에서는 의사가 저항을 알아차릴 수 없는 것이다. 최면은 저항을 제거하여 분석을 시작하는 공간을 만드는 장점은 있다. 그러나 바로 그 점 때문에 그 공간을 넘어설 수는 없게 만든다. 환자의 저항이 없어서 분석가는 증상의 동인을 파악하기 어려운 것이다. 프로이트는 진정한 정신분석은 최면의 도움을 포기하면서 시작한 것이라고 확신한다.

억압이 없으면 저항도 없다

어떻게 분석을 거부하는 저항이 분석의 귀중한 단서를 제공하는가? 병적 상태를 변화시키는 노력에 저항하는 힘은 바로 그 병적 상태를 야기하는 힘과 동일하기 때문이다(GW 11, 303-304). 프로이트는 증상의 존재 원인을 다음과 같이 이해한다. 어떤 정신의 과정(사건)이 무의식에 잔류하고 있으며, 증상을 형성하는 위력을 가지고 있다. 증상은 그 무의식적 정신과정의 대체물인 것이다. 환자가 그 사건을 의식하지 못하는 이유는 환자가 그것이 의식되지 못하도록 억눌렀기 때문이다. 프로이트는 이런 심리 과정을 억압Verdrängung이라고 부른다(GW 11, 304). 환자에게 그런 억압이 행사되고 있으므로, 분석가가 특정한 정신과정을 환자가 의식하도록 유도하면 환자는 그것에 저항하는 것이다. 원래 억압이 없었다면 저항도 없다.

억압은 단순히 욕망을 억눌러 단념하는 것이 아니다. 어떤 방식으로 행동하고자 하는 욕망이 우리에게서 거부되면 그것은 욕망의 포기나 단념일 것이다. 보통 이렇게 되면 욕망에 포함된 에너지는 박탈되어 욕망은 무력해진다. 그런데 억압은 욕망을 인식하지 못할 정도로 억눌러 욕망을 단념하지만, 욕망의 에너지는 남아 있는 심리 과정이다. 어떤 여자는 형부를 사랑하고자 하는 욕망을 품고 있으나 그것을 억눌러 의식하지 못한다. 그런데 욕망의 에너지는 그대로 남아서 정신에 돌아다니고 있다.

이렇게 어떤 표상을 의식으로부터 배제하여 마치 모르는 것처럼 가장하는 것을 프로이트는 억압이라고 한다. 억압은 그냥 억누르는 것이 아니라, 눈뜬장님처럼 무언가를 보면서도 동시에 보지 않도록 억누르는 현상이다. 병석의 아버지를 간호하느라 남자를 만날 기회를 놓친 소녀는 아버지를 증오하지만 그것을 억압한다. 그 점을 인정하면 자신에 대한 환상, 즉 자신이 도덕적 인간이라는 신념이 붕괴하기 때문이다. 신경증 환자가 아니더라도 인간은 누구나 자신을 방어하기 위해 억압의 장치를 활용한다.

무의식은 정신의 기관이다

프로이트는 억압의 개념을 제대로 파악하기 위해 무의식의 개념을 새롭게 설정한다. 보통 무의식은 어떤 정신과정이 의식되고 있지 않다는 의미로 사용된다. 이것은 무의식의 서술적 의미이다. 정신분석에서 무의식은 이것과 달리 하나의 정신 영역이나 기관, 체계를 지시하기도 한다(GW 11, 305). 이것이 정신분석에서 진정한 무의식이다. 인간의 정신은 두 개의 영역으로 구성되어 있다. 하나는 무의식이며, 다른 하나는 의식이다.

프로이트는 모든 정신적 사건(과정)은 처음에는 무의식적 단계나 국면으로 존재하다가, 무의식으로부터 의식의 국면으로 이동한다고 가정한다(GW 11, 305). 이것은 마치 사진이 처음에는 음화인데, 현상 과정을 거쳐 양화가 되는 것과 같다. 그런데 모든 음화가 양화가 되는 것은 아니듯이, 모든 정신적 사건이 의식적 사건으로 전환되는 것은 아니다. 정신적 사건 하나하나는 처음에는 무의식의 심리 체계, 기관 속에 있다가 나중에 의식의 체계, 기관으로 옮겨갈 수 있다. 그러나 그렇지 못하고 무의식에 잔류하는 것도 있다. 그것에 억압이 행사되고 있기 때문이다.

무의식은 대기실, 전의식은 응접실, 억압은 수위이다

의식과 무의식의 관계는 공간에 비유하면 이해하기 편하다. 프로이트는 무의식의 기관을 커다란 대기실과 같다고 상상한다(GW 11, 305-306). 여기에는 정신적 흥분이나 욕망이 개인처럼 모여 있다. 이 대기실에 좀 더 작은 방 하나, 응접실 같은 것이

붙어 있다. 여기에 의식의 기관이 거주한다. 그런데 두 방 사이의 문턱에 수위가 정신의 충동을 검사하고 검열하는 일을 하고 있다. 수위는 자기 마음에 들지 않는 충동은 응접실에 입장을 불허한다. 처음에는 입장시켰더라도 나중에 불쾌하다고 판단하면 원래의 자리, 즉 대기실로 추방한다. 무의식의 대기실에 머물고 있는 충동들은 다른 방에 거주하는 의식의 시야에서는 벗어난다. 그것은 무의식으로 남아 있다.

어떤 충동이 문턱으로 다가갔다가 수위에게 밀려나거나, 의식의 방에 들어갔다가 추방되면 의식될 수 없다. 정신분석은 그런 충동은 억압되었다고 말한다. 억압이란 무의식의 체계로부터 의식의 체계로 들어가지 못하도록 수위가 금지하는 것이다. 검열하고 추방하는 수위의 활동이 바로 억압이며 저항이다.

수위가 응접실로 들여보낸 충동이라도 반드시 의식되지는 않는다. 의식의 시선을 끌 수 있는 욕망만이 의식된다. 그래서 프로이트는 이 두 번째 방을 전의식의 체계das System des Vorbewußten, 기관이라고 부른다. 의식은 두 번째 방, 응접실 끝에서 바라보는 관객이다. 아침 출근길에 보았던 거리의 풍경은 대개 의식하지 못한다. 그런 것들은 집중하면 의식할 수 있으

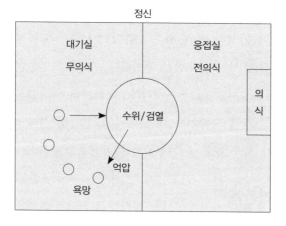

정신

대기실
무의식

응접실
전의식

의식

수위/검열

억압

욕망

므로 전의식의 영역에 있다. 그러나 사회가 금지하는 어떤 욕
망은 아무리 주의를 집중해도 의식되지 않는다. 그것은 억압되
어 무의식의 영역에 있는 것이다.

증상은 성적 만족의 대체물이다

왜 증상은 일어나는가? 증상은 어떤 목적이 봉사하는가? 신
경증 증상의 의도는 무엇인가? 억압은 증상 형성의 전제 조건
이다. 어떤 정신과정을 억압하기 때문에 증상은 일어나는 것

이다. 증상은 억압 때문에 금지당한 어떤 것(예를 들어 음란한 욕망)의 대체물이다(GW 11, 307). 프로이트는 환자의 증상은 동일한 의도에 봉사한다는 점을 확인했다. 그 의도는 성적 소망의 충족die Befriedigung sexueller Wünsche이다(GW 11, 308-309). 증상은 환자의 성적 소망을 충족하는 데 기여하며, 환자의 실제 삶에서는 배제되어 있는 욕구 충족에 관한 대체물Ersatz für solche Befriedigung이다.

첫 번째 환자의 강박행동을 생각해 보라. 그 부인은 사랑하는 남편과 함께 살 수가 없었다. 그의 성적 능력의 결함 때문이다. 그러나 그녀는 남편에게 정조를 지켜야 했다. 그녀의 강박 증상은 그녀가 동경하는 것들을 제공했다. 그녀는 남편을 높이고 그의 성적 무능을 부정하고 수정한다. 이런 증상은 본질적으로 성적 소망 충족erotische Wunscherfüllung이어서 꿈이나 다름이 없다. 차이가 있다면 꿈은 꼭 성적 소망 충족만은 아니라는 점이다. 두 번째 환자의 경우 그녀의 수면 의식은 부모의 성행위를 방해하고 그녀 자신이 어머니의 자리를 차지하려고 노력하는 과정이다. 그것은 그녀는 자신의 성적 소망을 충족하려고 한다.

환자의 사례를 연구하면서 프로이트는 다음의 결론을 도출한다(GW 11, 310). 사람들은 현실세계가 성적 소망의 충족을 허용하지 않는다면, 거절 때문에 어떤 방식으로든 질병에 걸릴 수 있다. 신경증 환자는 현실에서 거절된 성적 소망을 충족하기 위하여 증상을 형성한다. 증상은 삶에서 상실한 만족에 대한 대체만족Ersatzbefriedigung이다.

두 가지 반론

신경증의 증상이 성적 대체만족이라는 주장은 보통 사람의 직관에 잘 맞지 않는다. 증상은 고통을 일으키고, 만족은 즐거운 것이다. 고통이 어떻게 즐거움의 대체가 될 수 있는가? 그리고 증상은 전혀 성적 행위처럼 보이지 않는다. 그런데 증상이 어떻게 성적 만족을 제공할 수 있는가? 프로이트는 이 두 가지 반론이 가장 중요하다고 보고 그것에 대하여 반박한다(GW 11, 311-312).

첫 번째 반론: 증상은 성적 만족이 아니라 오히려 그것
을 배제하거나 부정한다.

프로이트는 증상에 대한 그런 주장이 옳은 점도 있다는 점을 부인하지 않는다. 두 번째 환자의 수면 의식 중 일부는 금욕적 성격, 즉 성적 만족에 적대적인 성격을 보여 준다. 그녀가 시계를 치워 놓은 행동은 밤에 발기하지 않도록 방비하는 마법적 의미를 띠고 있다. 시계추의 규칙적 진자 운동은 성적 흥분을 일으킬 수 있기 때문이다. 그리고 환자가 꽃병이 떨어져 깨지는 것을 방비하는 행동은 처녀성이 파괴되지 않도록 보호하는 의미가 있다. 두 행동 모두 성적 만족을 제어하는 성격을 띠고 있다.

그러나 정신분석은 대립하는 사태들이 모순을 의미하지는 않는다는 점을 깨달았다. 왜냐하면 우리의 정신 구조가 본질적으로 의식과 무의식의 대립이기 때문이다. 무의식은 성적 만족을 추구하고, 의식은 그것의 억제를 지향한다. 나쁜 욕망이 있다면 동시에 억제가 있고, 증상에서 이 대립이 표출되고 있다.

앞에서 프로이트는 증상의 의도는 성적 욕망의 충족이라고 했다. 이 주장은 확대할 수 있다. 증상은 의식과 무의식의 대립을 대변하고 있으므로, 증상은 성적 만족뿐 아니라 성적 만족의 거부eine sexuelle Befriedigung oder eine Abwehr derselben를 의도할 수 있는 것이다.

증상은 타협의 산물이다. 증상은 성적 만족뿐만 아니라 그 반대의 목적에도 봉사한다. 증상은 두 개의 서로 대립된 경향(의식과 무의식)의 간섭에서 발생하는 타협의 산물이다. 증상은 억압되는 실체das Verdrängte뿐 아니라 억압하는 실체das Verdrängende를 대변한다(GW 11, 311). 억압되는 실체는 무의식적 욕망이며, 억압하는 실체는 의식의 검열이다. 증상은 두 개의 경향 중 하나를 주로 대변하지만 다른 경향을 완전히 빼먹지는 않는다.

두 번째 반론: 증상은 성과 관련이 없다.

환자의 강박행동을 프로이트는 성적 대체만족에 봉사한다고 한다. 그러나 증상은 실제로 성적 대체만족을 제공하지 않는 듯하다. 프로이트는 일반인들이 가지고 있는 성의 개념이 너무 좁아서 신경증 증상이 일종의 성적 대체만족이라는 점을 이해할 수 없다고 생각한다. 프로이트는 성의 개념을 아주 넓게 사용한다. 그는 인간의 성생활을 근본적으로 탐구하여 성의 개념을 확대한다.

10.
인간의 성생활

    신경증의 증상은 성적 만족의 대체라는 프로이트의 견해를 앞장에서 설명했다. 사람들은 성적 욕구가 지속적으로 불만족을 경험할 때 여러 가지 방식으로 대응한다. 성도착에 빠지기도 하고, 운동이나 예술 같은 사회적으로 승인되는 활동으로 욕망의 힘을 옮겨 놓을 수도 있고, 아니면 신경증의 증상에서 대체만족을 찾아낸다. 신경증은 인간들이 성적 불만족 상황에서 선택하는 하나의 성적 활동인 것이다.

    그런데 신경증의 증상은 성적 활동이라고는 보기 어렵다. 예를 들어 강박증 환자의 수면 의식이 어떻게 성적 활동인가? 프로이트는 기존의 좁은 성의 개념으로는 증상이 일종의 성적 행동이라는 점을 이해할 수 없다고 보고 인간의 성생활을 새롭게 탐구한다. 정신분석 이외의 분야에서 성생활은 좁은 범위, 즉 생식기능을 지원하는 정상적 성생활에 한정되어 있다. 그는 성생활의 개념을 확대하여 도착의 성생활과 아이의 성생활을 포괄하도록 한다. 그래야 신경증을 이해하기에 적절한 올바른 성생활의 개념이 마련되는 것이다.

신경증은 일종의 도착적 성적 활동이다

어떤 무리의 사람들은 보통의 평균적 사람과 확연하게 다른 방식으로 성생활을 영위한다. 우리는 비정상적 성적 활동을 도착이라고 부른다. 어떤 성도착자들은 성별의 차이를 그들의 성생활에서 지워 버렸다. 그들은 동성의 사람들에게만 성적흥분을 느낀다(GW 11, 314-315). 그들에게 반대 성별의 사람은 전혀 성적 대상Geschlechtsobjekt이 아니다. 그들은 생식에 참여하기를 거부한다. 우리는 그들을 동성애자라고 부르는데, 그들은 자신을 인류의 변형태인 제3의 성ein drittes Geschlecht이라고 여긴다.

동성애와 달리 어떤 도착자들은 생식기가 아닌 다른 신체 부분이나 신체가 아닌 다른 대상을 성적 대상으로 삼는다(GW 11, 315-316). 이들 역시 성적 활동에서 생식의 기능을 거부하는 것이다. 생식기가 성의 대상으로 간주되지 않는 집단에게 여성의 유방이나 발, 머리카락이 생식기를 대체한다. 어떤 사람들은 파트너의 신체에 대해서는 아무 관심이 없고 그들의 옷이나 신발이 소망을 충족하여 준다.

어떤 사람들은 정상인에게는 단지 성생활의 도입부나 예비 단계에 해당하는 것을 성적 소망의 최종 목표로 삼는다. 어떤 도착자들은 타인을 그냥 바라보거나 자신의 은밀한 신체 부분을 타인에게 보여 주며 그들도 신체를 보여 주기를 엉큼하게 기대한다. 사디스트는 타인에게 고통을 가하여 성적 목표에 도달한다. 마조히스트는 사랑하는 사람으로부터 모욕을 당하고 고통을 받음으로써 쾌락을 얻는다.

도착과 신경증의 관계를 자세히 설명하는 것은 어렵지 않다. 정상적 성적 만족이 좌절되면 어떤 사람들은 신경증에 걸리는 것이다. 현실적 좌절을 겪으면서 비정상적 방식으로 성적충동을 해결하려고 한다는 점에서 신경증의 증상은 일종의 도착이다. 프로이트는 동성애적 충동이 나타나지 않는 신경증 환자는 없다는 점과 증상의 상당수는 잠재적 도착의 표출이라는 점을 깨달았다(GW 11, 318). 앞에서 언급한 30세의 강박증 환자는 자신을 남편과 동일시하였다. 스스로 남자가 되어 남편과 관계한다면 이것은 동성애와 성격이 유사한 것이다.

히스테리는 생식기가 아닌 신체기관을 성적 대상으로 활용하다가 장애가 발생하는 질환이다. 신체기관에는 원래 기능적 역할 이외에 성적 의미가 인정될 수 있다. 신체기관의 성적 의미가 과도하게 요구되어 억제가 일어나면 원래의 기능에 장애가 생긴다. 예를 들어 눈은 원래 시각의 기능을 담당하지만 관음증에서처럼 성적 기능을 수행하기도 한다. 이럴 경우 성적 기능에 과부하가 걸려서 그것을 억제하면, 예를 들어 앞집의 여자를 너무나 자주 보고 싶어 해서 그것을 억제하려 할 때, 원래 눈의 기능인 시각이 약화될 수 있다. 히스테리성 시각장애는 과도한 성적 욕구를 억제하다가 발생한 질환이다.

그런 시각장애는 성적 대체만족은 아닌 것처럼 보인다. 그런데 프로이트는 앞에서 만족과 불만족을 하나의 과정으로 파악하고 있다. 인간 사회에서 성적 만족에는 자주 그것의 억제가 따르기 때문에 성적 만족을 억누르다가 생긴 시각장애 증상도

성적 만족의 대체라고 규정하는 것이다. 히스테리성 시각장애
는 눈을 성적 기관으로 사용한다는 점에서 관음증과 같은 도착
인 것이다.

성도착은 어린이의 성적 활동에서 유래한다

프로이트의 정신분석 이론에서 가장 논란이 되는 것 중 하나
는 바로 어린아이 성생활이다. 아이는 무성적 존재이며 성생
활은 사춘기부터 시작한다는 것이 우리의 상식이다. 그러나 프
로이트에 따르면 인간은 아주 어린 시절부터 성생활을 시작한
다. 그것은 생식을 목표로 삼지 않는다는 점에서 일종의 도착
이다.

아이에게 최초의 성적 욕망은 생존에 긴요한 기능을 수행하
는 데서 나타난다. 유아의 주된 관심사는 영양섭취이다. 그런
데 프로이트는 유아가 영양섭취는 하지 않으면서 영양섭취 행
동만 반복하는 경우를 관찰한다(GW 11, 324). 이때 아이는 배가
고파서 젖을 먹고자 하는 동인 때문에 행동하지 않는다. 아이
는 어머니의 가슴을 빠는데, 빠는 행동Lutschen 자체가 아이에게

만족을 일으키는 것으로 보인다. 아이는 이런 쾌락을 처음에는 영양을 섭취하면서 경험했을 것이다. 곧장 영양섭취라는 조건 없이도 쾌락을 얻는 법을 아이는 배운다. 프로이트는 쾌락 획득이 오로지 입이나 입술 주변에만 제한되기 때문에 이 신체 부분을 성감대라고 부르고, 빨기를 통하여 획득된 쾌락을 성적 쾌락이라고 부른다.

다음, 아이는 그 행동을 포기하고 대신 자신의 엄지손가락을 빤다. 어머니의 유방이 아이 자신의 신체 일부로 대치된 것이다. 그래서 쾌락 획득이 외부 세계의 동의를 구할 필요가 없게 된다. 이렇게 자기 신체를 성적 대상으로 삼는 성행위를 프로이트는 자기성애라고 부른다.

더 나아가 아이는 두 번째 신체 부분을 자극하여 성적 쾌락을 얻는다(GW 11, 325). 이제 항문이 성감대가 된다. 유아는 대소변의 배출 행위에서도 쾌락을 발견하고, 성감대의 점막 부분을 적절하게 자극하여 최대한의 쾌락을 획득하려고 노력한다.

어린아이의 성적 활동은 성도착과 유사하다(GW 11, 327). 어린아이에게는 성생활이 생식기능으로 연결되지 않는데, 도착의 공통적 성격은 생식기능을 포기하는 점이기 때문이다. 성생활의 발전에서 전환점은 성생활을 생식의 의도 아래에 두는 시점이다. 이 전환 시점 이전의 성적 활동은 쾌락 획득 자체에 봉사하는데 이것을 인간 사회는 도착이라는 이름으로 경멸한다.

거세 콤플렉스와 남근 선망

어린아이의 성 연구는 신경증의 증상을 이해하는 데도 중요하다. 아주 어린 세 살 이전의 아이들은 남자나 여자 모두 남성의 생식기가 있다고 믿는다. 남자아이들은 여동생이나 놀이를 함께하는 여자 친구에서 여자 성기Vagina를 발견하게 되면 처음에는 본 것을 믿으려고 하지 않는다. 왜냐하면 남자아이는 자신의 페니스를 아주 소중하게 여기는데, 자신과 유사하게 생긴 존재(여자)에게 가장 중요한 물건(페니스)이 결여되어 있다는 것을 믿을 수 없기 때문이다.

여자가 페니스가 없다는 점을 남자아이는 거세 콤플렉스를 경험하면서 인정하게 된다. 남자아이가 자위를 하는 시기가 되면 보모나 어머니는 그것을 금지하기 위해 페니스가 잘릴 수도 있다고 위협한다. "만약 자위를 계속하면 아버지에게 일러서 아버지가 그것을 자르도록 할거야!" 남자아이는 자신의 물건을 많이 가지고 논 것에 대한 처벌의 위협이 실제로 일어날 수 있다는 점을 여자아이의 성기를 회상하며 깨닫는다. "여자아이들은 그렇게 잘렸구나!" 거세 콤플렉스의 위력을 느끼면서, 남자아이는 여자의 성기가 거세된 페니스라고 생각하게 된다. 거세 콤플렉스의 발생은 건강할 때는 남성과 여성의 형성에, 질병에 걸릴 때는 신경증의 증상에 커다란 영향을 행사한다(GW 11, 328).

어린 소녀는 페니스의 결여를 알게 되면 자신이 열등한 존재라고 여기고 페니스를 가진 남자를 부러워하고, 이런 동기에서 남자가 되고자 하는 소망을 개발한다. 이 소망이 나중에 신경증으로 이어질 수 있다(GW 11, 328). 앞에서 언급한 30살 강박증 여자 환자는 자신을 남편과 동일시하는데, 여기에 남근 선망이 작용하고 있다.

성생활 방식은 여러 단계로 발전한다

리비도Libido는 프로이트가 새로 만든 용어이다(GW 11, 323). 리비도는 허기처럼 생리적 힘이다. 허기가 먹고 싶은 충동으로 표출되듯이, 리비도는 성적충동으로 표출된다.

성생활은 리비도의 기능이다. 인간의 성생활은 처음부터 완성된 형태로 등장하지 않는다. 그것은 하나의 공통적 형태를 유지하면서 확장되어 가는 것이 아니고, 서로 다른 여러 국면들을 거쳐 간다. 그 발전은 애벌레가 나비가 되어 가는 과정과 비슷하다(GW 11, 340). 리비도 발전의 전환점은 성적 부분 충동을 생식기의 우위에 복속하고, 성생활을 생식기능 아래에 집어넣은 것이다.

부분 충동이란 신체기관 각각의 충동이다. 손, 눈, 항문, 생식기 등의 신체기관은 각각의 충동이 있다. 이것을 프로이트는 부분 충동이라고 부른다. 생식기의 충동은 원래 하나의 부분 충동에 지나지 않았는데 사춘기를 넘어서면서 이것이 다른 모든 충동들을 지배한다.

리비도의 발달은 크게 세 단계를 거쳐 간다. 첫째, 앞에서 설명한 어린아이의 성생활이다. 둘째는 잠복기, 셋째는 사춘기 이후이다.

생식기 이전 시기

어린아이의 성생활은 생식기능이 지배하지 않으므로 생식기 이전prägenital의 시기이다(GW 11, 339). 이 시기도 세 단계로 발전한다. 최초는 빨기가 주도하는, 성감을 일으키는 입술이 주요 역할을 하는 구강적 단계이다. 그다음은 항문의 조직을 압박하여 쾌락을 얻는 가학적-항문적 단계이다. 그다음은 생식기가 우위를 갖는 남근 단계이다. 이 단계는 3살 정도이다. 이 시기에는 생식기가 자극을 경험하기 시작한다(GW 11, 337). 이때 유아적 자위, 즉 성 기관의 만족 시기가 시작하는 것이다. 그러나 생식기가 생식의 기능을 아직 담당하지는 않는다.

어린아이의 성생활은 생식기능이 주도하지 않는다는 점에서 도착적 성이라는 점 외에 자기성애와 근친상간이라는 다른 두 가지 특징을 갖고 있다.

자기성애

최초의 성적 대상은 어머니의 가슴이다. 아이는 어머니가 외출하거나, 아니면 동생이 태어나 관심을 받지 못하게 될 때 어머니의 가슴이라는 외부 대상을 포기하고 자신의 신체를 성적 대상으로 삼는다. 아이는 자신의 손가락이나 발가락을 빠는 것이다. 아이는 성적 대상을 외부에서 찾는 것을 포기하고 자신의 신체로 대치한다. 이렇게 함으로써 아이는 외부 세계의 변덕에 의존하지 않고 독립적으로 쾌락을 추구할 수 있게 된다. 항문적 충동과 남근 단계의 자위는 처음부터 자기성애이다. 이렇게 아이의 성생활은 자기성애적 특성을 띠고 있다.

오이디푸스 콤플렉스

어린아이 성생활은 자기성애이면서 근친상간이다. 근친상간이란 가족을 성의 대상으로 삼는다는 것을 의미한다(GW 11, 344-345). 남자아이는 어머니를 독점하고 싶어 한다. 그는 아버지의 현존을 불편하게 여기고, 아버지가 어머니에게 애정을 내비치면 싫어하며, 아버지가 여행을 가거나 부재하면 만족감을 감추지 않는다. 아이는 자신의 감정을 직접 말로 표현하여 어머니와 결혼하겠다고 약속하기도 한다. 남자아이는 아버지에 대해서도 어떤 경우에는 애정을 표현한다. 그런 대립적 자세, 즉 양가적 감정 자세는 성인에게는 갈등을 일으키지만, 아이에 게는 오랫동안 공존한다.

아들은 어머니를 사랑하며 아버지와는 대립적 감정을 품고 있다. 이런 감정 자세를 프로이트는 오이디푸스 콤플렉스 Ödipuskomplex라고 부른다(GW 11, 343). 딸아이가 어머니 그리고 아버지에 대해 취하는 감정적 자세도 유사하다. 딸아이는 아버지에게 애정적으로 의존하여 어머니를 성가신 존재로 여기고 제거하고 어머니의 자리를 차지하고 싶어 한다. 그러면서 딸은 어머니를 사랑한다. 딸은 아버지의 사랑을 얻기 위해 벌써부터 애교를 부리기 시작한다. 부모는 아이들이 오이디푸스의 자세를 일깨우는 데 결정적 영향을 행사한다(GW 11, 345-346). 부모는 아이들의 성적 매력에 이끌려, 아이들이 여럿 있을 때 아버지는 딸에게, 어머니는 아들에게 더 큰 애정을 보인다.

가족 콤플렉스

오이디푸스 콤플렉스는 가족 콤플렉스Familienkomplex로 확장한다(GW 11, 346). 여동생이 태어나서 부모의 사랑이 동생으로 옮겨 가면 꼬마는 여동생을 미워하고 사라지기를 바란다. 가족 콤플렉스는 이기적 관심의 침해가 일어나면서 형제자매들이 반목을 경험하고 타인이 제거되기를 소망하는 감정적 자세이다. 이런 증오의 감정을 아이들은 부모 콤플렉스 즉 오이디푸스 콤플렉스에서보다 더 자주 말로 표현한다. 동생이 태어나서 2선으로 밀려난, 어머니로부터 고립된 아이는 여동생을 황새가 다시 데려가도록 부탁한다.

아들은 자신에게 충실하지 않은 어머니 대신 누이를 사랑의 대상으로 선택할 수 있다. 어린 여동생을 둘러싸고 여러 오빠들이 싸우기도 하는데 이것은 훗날 인생에서 중요한 적대적 경쟁 상황의 유년판이다. 딸아이는 아버지가 어릴 때처럼 자신을 사랑스럽게 대하지 않을 때 오빠 중에서 한 사람을 아버지의 대리로 간주할 수도 있다. 오이디푸스 콤플렉스는 여러 가지 형태로 변화한다.

잠복기

6살에서 8살이 되면 성적 발달이 정체되거나 퇴보한다(GW 11, 337-338). 이 시기는 잠복기Latenzzeit이다. 이때 잠복기 이전의 성적 체험과 성적 자극들은 대부분 망각된다. 유아기 기억상실은 아이의 성생활에 대한 사회의 억제 때문에 일어난다고 프로이트는 본다.

인간 사회의 궁극적 동기는 경제이다. 사회는 충분한 생존 수단을 갖추지 못하여 구성원들이 노동하지 않고서는 먹고 살수 없다. 그래서 사회는 구성원의 수를 제한하고 그들의 에너지를 성적 활동에서 빼내어 노동으로 옮겨야 한다. 새로운 세대의 성적 의지를 제어하는 과제는 어릴 때 영향을 주어야만 달성될 수 있다. 어린아이의 성생활에 사회가 개입하는 것이다. 이런 의도에서 모든 유년기의 성적 활동이 아이에게 금지된다(GW 11, 322). 성충동이 완전히 발현되면 교육할 수 없게 되기 때문이다.

사춘기

사춘기가 되면 성적충동이 욕구를 상승시키고 예전의 가족적 즉 근친상간적 대상이 다시 수용된다(GW 11, 349). 그러나 최초의 대상은 나중의 대상 선택의 방향에 영향을 주지만 개인은 최초의 대상에 머무르지 않는다.

사춘기 시절부터 개인은 부모로부터 해방한다는 커다란 과제에 몰두하게 된다. 그런 해방과 함께 개인은 더 이상 아이가 아닌 사회적 공동체의 구성원이 된다. 아들에게 그 과제는 어머니에 대한 리비도 소망을 풀어내어, 그것을 현실의 타인에게서 사랑의 대상을 발견하는 데 활용하는 것이다. 그리고 아버지와 서로 반목하고 있었다면 아버지와 화해해야 하고, 아버지에 대한 반발의 반작용으로 아버지에 굴종하고 있다면 그런 압력으로부터도 해방되어야 한다.

이것은 모든 사람의 과제이다. 이런 과제의 이상적 해결은 드물다. 신경증 환자는 이 과제의 해결에서 성공하지 못한다. 신경증의 경우 아들은 아버지의 권위에 평생 묶여서 자신의 리비도를 외부의 성적 대상에게 옮겨 놓을 수 없다. 딸의 운명도 같다. 이러한 의미에서 오이디푸스 콤플렉스가 신경증의 핵심이라고 보는 점은 정당하다고 프로이트는 확신한다.

11.
신경증의 원인

　어떤 남자는 여성의 성기도, 다른 모든 매력적 부분도 다 의미가 없다. 그는 특정한 방식으로 신을 신고 있는 발을 통해서만 거역할 수 없는 흥분에 빠진다. 그는 자신의 리비도 고착을 야기한 6살의 체험을 기억한다. 그는 여자 가정교사 옆의 의자에 앉아 영어 수업을 들었다. 여자 가정교사는 나이가 많고, 마르고, 물빛처럼 푸른 눈과 들창코를 지닌 처녀였다. 어느 날 발이 아파서 우단 슬리퍼를 신은 발을 방석 위에 올려놓고 안정을 취했다. 그녀의 다리는 우아하게 가려져 있었다. 그가 가정교사에게서 보았던 깡말라서 힘줄이 보이는 발은 사춘기 시절 정상적 성적 행위를 수줍게 한 번 시도한 이후, 그의 유일한 성적 대상이 되었다. 그 남자는 이런 발에다가 그 가정교사의 유형을 연상시키는 몇 가지 특징이 부가되면 그런 여자에게 저항할 수 없이 마음을 빼앗겼다.

리비도 기능은 생식에 봉사하는 기능, 다시 말해 정상적 방식에 들어서기까지 복잡다기한 발전 과정을 통과한다. 그 발전 과정은 제동이 걸리거나 또는 이전 단계로 퇴행Regression을 겪을 위험이 있다. 위의 사례에서 남자는 리비도의 발전에 제동이 걸려 이전 단계로 물러나 거기서 머물고 있다(GW 11, 362).

리비도의 고착 및 퇴행

리비도의 발전 과정에 제동이 걸리면 성생활이 초기 단계에 체류한다. 이 현상을 프로이트는 충동이나 리비도의 고착Fixierung이라고 부른다. 그리고 단계별로 발전하던 충동이 이전의 단계로 되돌아가는 현상을 퇴행이라고 부른다.

왜 퇴행하는가? 충동의 기능은 만족이란 목표에 도달하는 것이다. 그런데 성생활이 발전되어 가다가, 충동이 강력한 외부적 방해를 만나 만족이 거부되면 퇴행하고자 하는 경향이 일어난다. 고착과 퇴행은 서로 독립적 사건은 아니다. 발전의 경로에 제동이 강력하면 할수록 충동의 기능은 예전의 좋았던 지점까지 퇴행하여 거기에 고착하며 외부적 난관을 회피한다(GW 11, 353). 이것을 프로이트는 군대가 전진하다가 강력한 적군을 만나면 이전의 안전지대로 돌아가(퇴행) 거기 체류하는 것(고착)에 비유한다.

리비도의 좌절

앞 사례의 남자는 발 도착이란 성도착자이다. 그는 어린 시절의 성적 대상 또는 성적 조직에 매여 있다. 그는 리비도의 고착 또는 퇴행을 겪고 있는 것이다. 그런데 왜 그는 과거에 고착하고, 과거로 퇴행하는가? 리비도의 발전에 제동이 걸린 이유는 외부의 현실에서 리비도를 충족시켜 줄 가능성이 그에게서 박탈되었기 때문이다. 프로이트는 이것을 좌절Versagung이라고 부른다. 리비도의 충족이 좌절되면서 그는 과거로 퇴행하여 성도착의 방식으로 성적 만족을 추구하는 것이다. 신경증 환자들은 리비도의 충족이 좌절될 때 증상을 통하여 좌절된 충족die versagte Befriedigung을 대체한다(GW 11, 357). 증상은 좌절된 충족의 대체물Ersatz인 것이다.

리비도 충족의 좌절을 겪으면 누구나 신경증에 걸리는 것이 아니라, 신경증의 모든 경우에 좌절이라는 요소가 있다는 것이다. 좌절한 사람의 집합과 신경증에 걸린 사람의 집합을 고려하면 후자는 전자의 부분 집합이다. 신경증에 걸린 사람은 반드시 리비도의 좌절이 있다. 그러나 리비도 좌절이 있다고 반드시 신경증에 걸리는 것은 아니다. 리비도 충족이 결핍될 때 신경증에 걸리지 않을 수 있는 길이 많다. 앞 사례의 남자처럼 성도착을 선택할 수도 있다. 어떤 사람들은 그런 결핍에도 상해를 입지 않고 견딘다. 그들은 행복하지 않고, 리비도 충족 libidinöse Befriedigung을 동경하며 마음 아파하지만, 신경증에 걸리지는 않는다.

성적 충동은 매우 탄력적plastisch이다

하나의 성적 충동은 성이 아닌 다른 충동이 대신할 수 있고,

좀 약한 하나가 다른 강렬한 충동을 대신할 수 있다. 어떤 성적 충동의 충족이 현실에서 좌절될 때 다른 성적 충동의 충족으로 그 좌절을 보상할 수 있다. 아름다운 여자를 따라다니다가 거절당한 남자는 외모가 평범한 여자를 선택한다. 그리고 성적 대상을 만날 수 없는 상황일 때는 운동을 하거나 게임을 하면서 성적 만족을 대신하는 즐거움을 찾는다. 성적 충동들은 서로서로 교신하는, 원활하게 유동하는 물질로 가득한 운하들의 연결망처럼 작동한다(GW 11, 357-358). 성생활의 부분 충동들이나 이것들로 구성된 전체적 성적 활동의 시도는 그것의 대상을 교체하는 대단한 역량을 보여 준다. 특정 성적 활동의 대상을 불편 없이 도달할 수 있는 다른 대상으로 바꾸는 능력, 이렇게 대상을 교체하고 대체물을 받아들여도 불편 없이 견디는 역량이 좌절을 겪으면서도 질병에 걸리지 않도록 한다.

승화는 성적 목표를 사회적 목표로 돌린다

리비도의 충족이 결핍되는 상황에서도 질병에 걸리지 않도록 정신을 보호하는 과정 중 하나는 문화적으로 매우 중요한 의미가 있다. 인간은 성적 만족을 얻기 위한 노력에서 쾌락이나 생식을 지향하는 목표를 단념하고, 그와 다른 목표를 수용할 수 있다. 그 새로운 목표는 발생적 관점에서 본다면 단념한 목표(성적 만족)와 연관되어 있으나, 더 이상 성적 목표가 아니라 학문이나 예술, 정치운동 같은 사회적인 목표이다. 우리는 이런 과정을 승화Sublimierung라고 부른다(GW 11, 358). 왜냐하면 일반적으로 사회적 목표가 자기만족을 추구하는 성적 목표보다 높이 평가받고 있기 때문이다. 승화는 성적 만족을 추구하는 노력을 비성적 노력으로 대체하는 여러 가지 방식 중 특별한 경우이다.

리비도의 탄력성에는 한계가 있다

리비도 충족의 결핍 문제가 결핍을 견뎌 내는 이런 여러 가지 수단 덕택에 별 의미가 없게 되었다는 인상을 받을 수도 있다. 그러나 그렇지 않다. 결핍은 질병을 일으키는 원인이 될 힘을 여전히 보유하고 있다. 결핍에 대항하는 수단들이 충분치 않은 것이다. 사람들이 충족되지 않은 리비도를 감내하는 정도에는 한계가 있다. 리비도의 탄력성 또는 리비도의 유동성은 결코 모든 사람에게서 충분히 유지되지 않는다(GW 11, 358-359). 승화는 언제나 리비도의 단편만을 처리할 수 있다. 승화할 수 있는 능력도 대부분의 사람에게는 조금밖에 부여되지 않는다.

이런 제약 중에서도 가장 중요한 것은 리비도의 유동성 Beweglichkeit에 있다. 개인의 리비도는 매우 적은 수의 목표와 대상에만 의존하고 충족되기 때문이다. 리비도가 특정의 방향과 대상에 끈적끈적하게 붙어 있는 경향은 리비도의 접착성die Klebrigkeit이다. 평생 동안 첫사랑의 여자만을 생각하고 잊지 못하는 남자는 리비도의 접착성이 매우 강하다. 반면 애인과 헤어지고 나서 얼마 지나지 않은데도 다른 여자와 사귀는 남자의 경우 리비도의 접착성이 약하다. 리비도의 강력한 접착성은 정상인에게도, 그리고 성도착자에게도 나타난다. 위의 사례에서처럼 도착자는 비정상적 방향으로 충동이 나아가고 비정상적 대상을 선택하던 어린 시절의 인상을 기억한다. 그의 리비도는 그런 것들에게 평생 고착되어 있다.

리비도 충족이 좌절되어 리비도 고착이나 퇴행이 일어난다. 그러나 반대로 리비도 발전이 불완전하여 성적 조직의 이전 단계에 리비도 고착이 일어나고 이전의 대상 발견에 머무르면, 현실적 만족이 거의 불가능하게 된다. 리비도 고착 때문에 리비도의 좌절이 일어날 수도 있는 것이다. 어쨌든 리비도 고착과 좌절은 신경증 유발의 요인이다(GW 11, 359). 프로이트는 리비도 고착을 신경증 병인의 기질적·내부적 요인이며, 좌절을 우연적·외부적 요인이라고 본다.

성충동과 자아충동의 갈등

리비도 고착과 좌절은 신경증의 발생 원인이기는 하지만, 결정적 원인은 아니다. 신경증에 걸리는 사람들의 내부에는 소망이 충돌하고 있다. 이것을 프로이트는 심리적 갈등der psychische Konflikt이라고 부른다(GW 11, 362). 정신의 한편이 특정한 소망을 대변하는데, 다른 편은 그것에 항의하고 저항한다. 그런 갈등 없이는 신경증은 없다.

만족을 상실한 리비도는 새로운 대상이나 길을 모색해야 한다. 그런데 이 새로운 길이나 대상이 정신의 다른 측면에게 불만을 일으키면 그쪽이 거부권을 행사하여 만족의 새로운 길이 불가능하게 된다. 여기서 증상 형성의 길이 열린다(GW 11, 362-363). 재차 거부된 리비도의 노력이 새로운 우회로를 따라간다. 다시 말해 항의를 참작하여 요구 형태를 바꾸고 요구를 완화하여 리비도의 만족을 추구한다. 이 우회적 길이 증상 형성의 경로이다. 증상은 좌절 때문에 어쩔 수 없이 선택한 새로운 만족 또는 대체만족이다.

리비도의 노력에 항의를 제기한 힘은 무엇인가? 갈등에서 항의하는 편은 무엇인가? 당연히 그것은 성적충동Sexualtrieb의 힘이 아니다. 프로이트는 그 저항의 힘을 자아충동Ichtrieb이라고 요약한다(GW 11, 363). 자아충동은 자아 보존 본능에 해당한다.

리비도뿐만 아니라 자아충동도 발달한다. 자아충동은 리비도에 의존하여, 또는 리비도에 반작용하며 발전한다. 한 인간의 리비도 관심은 원래 인간의 자아 보존 관심Selbsterhaltungsinteresse과 대립하는 것이 아니다. 오히려 자아는 모든 발전 단계에서 그 당시의 성적 조직과 조화 및 통일을 이루려고 노력한다. 리비도의 발전 단계 역시 자아로부터 영향을 입는다. 자아와 리비도의 발전 단계는 서로 상응하고 합치한다. 그런데 이런 조화 관계에 장애가 생기면 병을 일으키게 된다(GW 11,

364-365).

리비도가 발전하다가 하나의 단계에 고착되어 앞으로 나아가지 않고 꾸물거리고 있을 수 있다. 자아는 그럴 경우 어떤 태도를 취하는가? 자아는 리비도의 고착을 허용할 수 있다. 즉 그 고착에 맞추어 성도착이거나 유아적 성생활의 양상을 수용할 것이다. 그러나 만약 이러한 리비도 고착을 자아가 거부하는 자세를 취한다면, 자아는 리비도의 고착을 경험하는 지점에서 억압을 수행한다.

자아가 발달하지 못하면 리비도도 발달하지 못한다. 이런 이유 때문에 자아가 제대로 발달하지 못하여 리비도와 조화를 이루지 못하는 사례를 프로이트는 『일층과 이층』이라는 문학작품에서 인용한다(GW 11, 365-367).

『일층과 이층』

일층에는 수위, 이층에는 부유하고 교양 있는 주인이 산다. 두 가정 모두 아이가 있다. 주인집의 어린 딸이 무산자 계층의 수위네 딸과 같이 논다. 아이들의 놀이는 성적 성격의 놀이이다. '아빠와 엄마' 놀이 같은 것이다. 이 놀이에서 아이들은 은밀한 부분을 주시하고 성기에 자극을 가한다. 수위의 딸은 5-6세 정도이지만 성인의 성생활을 여러 번 볼 수 있었고, 주인집 딸을 유혹했다. 이 체험은 오래 지속되지 않았을지라도 두 어린아이에게 성적 욕망을 활성화하는 데 충분하다. 그 때문에 두 아이는 놀이를 그만둔 이후에도 몇 년 동안 자위를 했다.

지금까지는 두 아이에게 스토리는 같다. 그러나 최종 결과는 완전히 다르다. 수위의 딸은 자위를 하다가 월경을 시작하면서 별 어려움 없이 자위를 멈추고, 몇 년 후 애인을 사귀고 아이를 낳고, 이런저런 인생 경로를 개척하여 유명한 예술가가 되고, 상류계층 부인으로 인생을 마무리한다. 그녀는 어릴 때 성생활을 경험했다고 해서 상처를 입거나 신경증에 걸리지 않고 인생을 충만하게 산다.

그러나 주인집 딸의 운명은 다르다. 이 아이는 어릴 때부터 뭔가 옳지 않은 일을 저질렀다는 불길한 느낌을 갖고, 얼마 후 격렬한 갈등을 겪으면서 자위를 통하여 얻는 만족을 포기한다. 그럼에도 불구하고 아이는 자신의 존재에 무언가 억눌리는 어떤 것을 지니게 된다. 이 아이가 자라서 소녀가 되고 남자와 성행위를 경험할 상황이 되면, 이유를 모르는 수치감을 느끼면서 성행위를 외면하고 알려고도 하지 않는다. 그녀는 아마도 이제 다시 자위의 충동이 새롭게 일어나고 그것을 거부할 수 없게 되더라도 그것을 스스로에게도 털어놓을 용기가 없다. 그녀는 한 남자의 아내가 되어야 할 시기에 신경증이 발병하여, 결혼과 삶의 희망을 앗아 간다.

정신분석은 신경증에 대한 통찰을 제공한다. 가정교육을 잘 받고 지성적이며 고귀하게 살고자 노력한 소녀는 자신의 성적 욕망을 완전히 억압했다. 성적 욕망은 그녀에게 무의식 상태인 채로 어린 시절 그녀의 동무와 나눈 빈약한 체험으로 돌아가 거기에 고착되었다.

체험을 공유하였지만 두 사람의 운명이 상이한 이유는 자아가 한 사람에게는 발전하였지만, 다른 사람에게는 그렇지 못했기 때문이다. 어린 시절이나 성장하고 나서나 수위의 딸에게 성적 활동은 자연스러우며, 우려할 필요가 없는 것이다. 주인집 딸은 가정교육을 받고 교육의 요구들을 수용했다. 그녀의 자아는 여성적 순결성과 무욕성의 이상을 형성했고, 이 때문에 성적 활동이 그녀에게 용인되지 않았다. 엄격한 가정교육이 자아의 발달을 방해한 것이다.

신경증의 발생 원인에 대한 프로이트의 통찰은 완결되었다 (GW 11, 365). 신경증 병인의 첫째 요소는 리비도 충족의 좌절이다. 둘째 요소는 리비도를 특정한 방향으로 몰고 가는 리비도 고착 경향이다. 이것은 자아와 리비도의 발전 과정에 의존한다. 셋째 요소는 자아와 리비도가 충돌하는 갈등인데, 이것은 리비도 욕구를 거부하도록 자아가 발전하여 발생한다.

12.

환상의 발생과 의미

　우리 정신 장치의 주된 의도가 무엇이라고 정신분석은 인식하는가? 후기에는 견해를 바꾸지만 초기에 프로이트는 우리의 정신활동 전체는 쾌락획득Lustgewinnung과 불쾌 회피를 지향한다고 확신했다. 즉 정신활동은 쾌락원칙das Lustprinzip을 통하여 규제된다(GW 11, 369). 쾌락은 정신 장치에서 활동하는 자극이나 긴장의 양이 적어지거나 소멸하는 것에 의존한다. 반대로 불쾌는 자극의 양이 상승하는 데 의존한다. 성적 욕구가 거절되고 있으면 생리 장치에서 긴장이 증가한다. 이것은 심리 장치에서 불쾌감으로 나타난다. 반면 성행위를 하고 나면 생리에서 긴장이 감소하고 심리는 쾌락을 느낀다.

프로이트는 쾌락을 정신적 흥분의 양적 감소, 그리고 고통을 흥분 양의 증가라고 간주한다. 우리의 정신 장치는 내부와 외부로부터 나오는 자극의 양, 즉 흥분의 크기를 제어하고 해소하는 의도에 봉사한다. 성충동은 명백히 언제나 쾌락획득을 지향한다. 성충동은 원래의 기능에 한결같이 머물러 있다. 자아충동도 처음에는 성충동의 쾌락획득 기능에 동조한다. 그러나 인생의 역경Not이란 교사의 영향을 받으며, 자아충동은 곧 쾌락원칙을 변형하여 새로운 원칙을 확립하는 것을 배운다. 쾌락을 획득하기 어려운 상황에서 불쾌를 회피한다는 과제는 쾌락을 획득한다는 과제만큼이나 중요하다. 자아는 직접적 충족을 포기하고, 쾌락획득을 연기하고, 일정 부분의 불쾌를 감내하고 특정한 쾌락은 단념해야 한다는 점을 깨닫는다. 그렇게 교육을 받은 자아는 '사려깊게' 된다. 자아는 이제 쾌락원칙에 지배되지 않고, 현실원칙Realitätsprinzip을 따른다(GW 11, 370). 현실원칙도 근본적으로는 쾌락을 얻으려고 하는데, 현실을 고려하여 지연되거나 축소되더라도 확실한 쾌락을 얻으려고 한다.

세상은 마음대로 되지 않는다. 우리는 욕망을 세상에서 즉각 실현하여 만족을 얻으려 하지만 난관에 부딪치며 실패를 예견한다. 이럴 경우 인간의 자아는 현실을 평가하고 현실원칙을 따라야 한다는 점을 배운다. 외부 세계의 곤경Not은 자아에게 쾌락 추구의 대상이나 목표를 잠정적으로 또는 지속적으로 포기하도록 강요하는 것이다. 만족을 포기하거나 지연시켜야 할 쾌락은 성적 영역의 쾌락만은 아니다. 먹고 싶은 욕구, 게임하고 싶은 욕구, 타인 위에 군림하고 싶은 욕구도 그렇게 해야 한다.

그러나 쾌락의 포기는 인간에게 매우 어렵다. 인간은 아무런 보상도 없이 쾌락을 포기하지 않는다. 따라서 인간은 그렇게 포기하고 버린 쾌락원천과 쾌락획득의 길을 환상을 형성하여 그 속에 보존하여 둔다. 그 활동에서 우리는 현실성의 요구, 즉 현실 검사Realitätsprüfung를 수행하지 않는다. 모든 욕망은 현실에서 실제로 충족하기는 어렵지만 충족 표상, 즉 욕망이 충족되는 상상에 도달하는 것은 아주 쉽다. 욕망의 충족 표상이 환상이라는 정신활동이다.

환상은 정신의 국립공원이다

환상Phantasie이 제공하는 소망 충족Wunscherfüllungen에 머무르면 만족이 일어난다. 비록 그것이 현실이 아니라는 점을 알더라도 그러하다. 영화의 관객은 자신을 영화의 주인공과 동일화하지만 그것이 사실이 아니라는 점을 안다. 그래도 환상은 만족을 준다. 환상 활동에서 인간은 외적 세계의 강제로부터 벗어나 자유를 만끽한다. 자유를 인간은 오랫동안 현실세계에서 포기하고 살았다. 현실세계에서 우리가 마음대로 할 수 있는 것은 사실 매우 적었던 것이다.

인간은 현실로부터 얻어 내는 빈약한 만족으로는 견디기 힘들다. 빈약한 자유밖에 허용하지 않는 세상에 우리가 살기 때문에 환상은 필요한 것이다. 프로이트는 환상의 정신 영역의 창조는 보호림이나 자연보호 공원을 설립하는 것이나 똑같다고 본다(GW 11, 387). 거기서 모든 것은 마음대로 번성하고 성장한다. 쓸모없는 식물이나 유해한 동물도 자란다. 그런 것들은 현실세계에서는 존재하도록 허용되지 않는다. 그렇게 현실원칙으로부터 벗어난 보호림이 환상의 정신 영역이다. 국립공원은 생태계를 개발되지 않고 변화되지 않은 채로 유지하고 있어서 온갖 생물이 번성한다. 환상은 모든 상념과 욕망들이 허용되고 번성하는 상상의 국립공원인 것이다.

왜 환상은 즐거운가? 환상은 현실세계에서 불가능한 자유를 제공하기 때문이다. 환상이 제공하는 행복의 본질은 현실의 동의 없이도 쾌락을 독립적으로 획득하는 역량이다. 현실세계에서 영화배우와 결혼하고 싶다면 그의 동의를 얻어야 한다. 그러나 환상 속에서는 그의 동의 없이 소망을 충족할 수 있다. 이것은 백일몽에 잘 드러난다. 백일몽의 주요 소재는 거대한 명예와 큰 재산, 그리고 멋있는 성적 대상이다. 이런 것들에 대한 소망은 현실에서는 거절되지만 백일몽이 만족시켜 준다. 현실의 역경 때문에 지금 소유한 적은 자산에 자족하고 참아야 한다고 우리가 독촉 받을수록 백일몽은 더욱더 풍성해진다.

환상은 증상 형성의 중간단계이다

증상을 형성하는 데 환상은 커다란 역할을 담당한다. 리비도의 만족이 좌절할 때, 리비도는 퇴행하여 리비도가 예전에 포기했던 지점으로 돌아가 그곳을 점거한다. 그 지점을 리비도는 어떻게 발견할까? 환상이 그 지점을 알려 준다(GW 11, 388). 리비도가 예전에 포기했던 대상과 방향은 완전히 포기된 것이 아니라, 환상 표상 속에 보존되고 있었다. 인간은 현실의 필요 때문에 욕망의 대상이나 방향을 포기할 경우 그것들을 환상 속에 간직하고 있기에, 리비도는 환상으로 돌아가기만 하면 퇴행의 지점을 찾을 수 있는 것이다.

리비도가 환상으로 돌아가는 것은 증상 형성으로 나아가는 길의 중간단계이다. 이 단계에 융은 내향성Introversion이라는 이름을 붙였다(GW 11, 389). 외부의 현실세계를 건설하여 만족을 추구하는 경향은 외향성이며, 반면 환상의 내면세계를 창조하여 만족을 추구하는 경향은 내향성이다. 내향적인 사람은 아직 신경증 환자는 아니다. 그러나 그런 취약한 상태에 놓여 있다. 정체된 리비도가 새로운 탈출구를 찾지 못하면 증상이 발전한다.

갈등이 얼마만큼 큰지 양도 고려해야 한다

환상 활동이 증상에 이르는 중간단계라는 설명에서 병인에 새로운 요소가 도입되고 있음을 우리는 본다. 그것은 양, 해당 에너지의 크기에 대한 고려이다. 병인은 질적 분석만으로는 충분히 이해할 수 없다. 다시 말해 정신 과정에 대한 질적 분석 qualitative Analyse, 즉 동력학적 파악dynamische Auffassung만으로는 불충분하다는 것이다. 신경증을 일으키는 동력이 무엇인지 아는 것 외에 양적 관점, 즉 경제적 관점ökonomischer Gesichtspunkt도 필요하다(GW 11, 389).

신경증의 원인은 두 개의 경향(충동) 사이의 갈등이다. 그런데 이 갈등이 있다고 해서 신경증이 발병하지는 않는다. 그 갈등은 특정한 양에 도달할 때까지는 분출되지 않는 것이다. 그 지점을 문턱이라고 볼 수 있다. 쌀 한 톨이 바닥에 떨어지면 소리가 나지 않지만 어느 정도 양으로 증가하면 소리가 들린다. 심리적 갈등이란 내적 조건은 오랫동안 이미 존재하고 있었더라도, 즉 두 힘 사이의 모순만으로는 신경증에 걸리지 않는다. 모순의 양이 적으면 환상으로 문제를 처리할 수 있다. 발병하려면 갈등이란 심리적 에너지의 양이 문턱을 넘을 정도로 커야 한다.

환상이 현실이 된다

환상에 깊이 빠져 살면 좋지 않다. 현실을 개선하고 변화시키는 데 써야 할 에너지가 환상 활동에 낭비되기 때문이다. 대개 인간은 쾌락의 동물로 살았다가 이성적 존재로 돌아오는 과정을 반복할 수 있다. 도시 사람들은 버스를 타고 가면서 잠깐 백일몽에 빠졌다가 하차 지점 근방에 버스가 도달하면 현실로 돌아와 차에서 내린다.

환상으로부터 현실로 돌아가는 또 다른 길이 있다. 이것은 위에서 지적한 것처럼 환상의 세계에 체류하기를 중단하고 다시 현실세계로 돌아오는 것이 아니라, 환상 활동 덕택에 환상이 현실이 되는 경우이다. 환상을 현실로 바꾸는 놀라운 길은 바로 예술이다.

예술가는 욕망이 크며, 내향적 인간이다. 예술가는 막강한 충동에 이끌리며 명예, 권력, 재물, 여자의 사랑을 얻으려고 한다. 그러나 그에게는 그것들의 만족에 도달하는 길이 결여되어 있다. 여타의 불만족스런 처지에 놓인 내향성의 사람들이 그러하듯이 예술가는 현실로부터 벗어나서 그의 모든 관심, 리비도를 환상 생활의 소망 형성에 쏟아붓는다. 이 때문에 신경증으로 가는 길이 그에게 열린다. 환상 활동은 증상에 이르는 중간 단계라는 점이 앞에서 언급되었다.

예술가만이 환상 활동을 하지는 않는다. 일반인들도 환상을 만들고 그 속에서 만족을 얻는다. 그러나 비예술가들이 환상이란 원천에서 쾌락을 얻는 방식은 매우 제한되어 있다. 그들은 빈약한 백일몽에 만족할 수밖에 없다. 반면 예술가는 다음의 역량을 갖추고 있다(GW 11, 391). (1) 그는 자신의 백일몽에서 타인에게 거슬릴 수도 있는 이질적 요소를 제거하여 다른 사람도 함께 즐길 수 있게 백일몽을 가공할 수 있는 능력이 있다. (2) 그는 백일몽의 원래 비천한 원천이 드러나지 않도록 백일몽을 고상하게 처리할 줄 안다. (3) 그는 특정 소재를 환상 표상에 딱 맞도록 형상화할 줄 안다. (4) 그는 무의식적 환상 표상의 서술과정에서 쾌락을 아주 많이 얻는다.

예술가는 환상을 형상화하는 탁월한 능력을 지니고 있다. 이런 일을 성취하면, 예술가가 아닌 다른 사람도 예술가가 생산한 작품을 감상하며 자신이 지금까지 의식하지 못했던 무의식의 쾌락원천으로부터 위로와 진정을 창조할 수 있게 된다. 예술가가 만들어 낸 환상의 영역으로부터 모든 궁핍한 사람들은 진정과 위안을 기대한다. 예술가는 타인의 감사 인사와 경탄을 받으며, 나아가 보편적 인간의 동의를 받으며 인정된다. 그러면 예술가는 자신의 환상을 통하여 그가 처음에 환상에서만 도달했던 것을 현실에서 얻게 된다. 즉 명예, 권력 그리고 여자의 사랑을 예술가는 실제로 얻게 되는 것이다. 예술가는 원래 이런 소망을 현실에서 이루지 못하여 환상의 세계를 창조했다. 환상 활동에 미숙한 일반인들은 예술가의 작품을 보며 위안을 얻고 그런 만족을 제공해 준 예술가를 칭찬한다. 예술가는 세상 사람들의 인정을 받으며 돈과 명예 그리고 사랑을 실제로 획득한다. 예술 활동이 성공하면 예술가의 환상은 현실이 된다.

예술은 카타르시스를 제공한다

초기 희랍의 코레이아choreia는 시, 음악 그리고 무용의 종합이다. 이것은 표현적 성격을 가지고 있다. 이 예술은 인간의 감정과 충동을 말과 몸짓, 선율과 박자로 표현한다. 감정이나 욕망을 표현하면 마음이 위안을 얻고 흥분이 가라앉고 진정된다. 노래와 춤에 실제로 참여하는 사람뿐 아니라, 그것을 보거나 듣는 사람에게도 안도와 만족의 경험이 성취된다. 코레이아는 마음을 위로하고 평온하게 한다. 이런 마음의 정화purification를 희랍인은 카타르시스라고 불렀다.[7] 이 용어는 아리스토텔레스의 시학에 등장하기 이전에도 예술과 관련하여 사용되었다. 예술의 카타르시스 기능 때문에 예술작품은 감상자에게 만족을 주며, 예술가는 감상자들로부터 인정을 받는다. 이 덕택에 예술가는 환상을 현실로 만들 수 있게 된다.

---

[7] Wladyslaw Tatarkiewicz. *History of Aesthetics*, vol. 1. edited by J. Harrell. 1970. Mouton. p.16.

13.
정신분석의 충동 이론

보통 사람들은 충동을 매우 많이 상정한다. 과시Geltung의 충동, 모방의 충동, 유희의 충동, 사회적 충동 등. 사람들은 자신에게 소중한 욕망을 인류에게 근원적인 것으로 간주하는 경향이 크다. 반면 정신분석은 소박한 자세에서 출발한다. 동물에게는 식욕과 사랑이라는 두 개의 커다란 욕구가 있음을 보고, 이에 맞추어 두 가지 근원적 충동으로 나누는 것이다. 이렇게 하여 자아충동과 성충동이 정신분석에 들어왔다. 두 충동의 분리는 신경증의 원인을 탐구하는 과정에서 확인되었다. 그러나 근원적 충동을 자아충동과 성충동이라고 보는 초기의 견해는 무너진다. 왜냐하면 두 충동이 서로 대립하기는 하지만 그것들의 역할이나 에너지가 본질적으로 다른 것은 아니기 때문이다.

자아충동은 자기를 보존하고, 성충동은 종족을 보존한다

먼저 자아충동과 성충동의 성격이 과연 그렇게 다른 것인지 살펴보자. 자아충동은 개인을 보호하고 확장하고자 하며, 성충동은 개인의 성적 만족을 추구한다. 그런데 생물학적 관점에서 보자면 자아충동은 자기보존Selbsterhaltung의 목적에, 반면 성충동은 종족보존Arterhaltung의 목적에 봉사한다(GW 15, 101-102). 인간의 개인은 독립적 개체이기도 하고, 조상으로부터 후세로 내려가는 연결고리 중의 하나이기도 하다. 자아충동은 인간을 독립적 개체의 측면에서 바라볼 때 그가 담당하는 여러 가지 역할을 의미한다. 그런데 인간을 세대 중의 한 고리라는 측면에서 바라본다면, 성충동은 세대를 이어 나가고자 하는 역할을 담당하고 있는 것이다(GW 11, 429). 두 개의 역할은 어떤 경우 충돌하기도 하지만, 본질이 다르지는 않을 것이다. 둘 다 인간의 보존이라는 역할을 담당하고 있는 것이다.

성적 리비도와 비성적 리비도

두 충동의 본질이 다르지 않다는 점은 충동의 에너지를 고려하면 더욱 분명하다. 프로이트는 성충동의 에너지를 리비도, 자아충동의 에너지를 관심Interesse이라고 부른다(GW 11, 430). 이둘은 성격이 과연 다른 것인가? 융은 모든 충동의 근원적 통일성을 강조하고, 그 근원적 통일적 충동의 에너지를 리비도라고 부르며, 이 통일적 리비도가 모든 충동의 에너지로 발현된다고 본다. 만약 그것이 성적 기능으로 사용되면 성적 리비도sexuelle Libido가 될 것이고, 자아 보존 기능으로 사용되면 비성적asexuelle Libido 리비도일 것이다. 프로이트는 처음에는 융의 견해에 반대한다(GW 11, 428). 프로이트는 리비도라는 명칭을 성적 생활을 이끌어 가는 추동의 힘을 지적하는 데만 사용하고 싶었고, 자아충동의 에너지가 아직은 성적 리비도와 동일한 부류라는 확신이 없었기 때문이다.

대상 리비도와 자아 리비도

그러나 프로이트는 조발성 치매(정신증) 연구를 보며 통일적 리비도 이론을 인정하게 되었다. 1908년 아브라함K. Abraham은 프로이트와 토론하면서 조발성 치매의 중요 특징은 대상의 리비도 점거가 없다는 점이라고 단언했다(GW 11, 430). 대상의 리비도 점거die Libidobesetzung der Objekte란 대상을 리비도로 점령한다는 의미이다. 이도령이 성춘향을 매우 사랑한다면 이도령의 리비도가 많은 분량으로 성적 대상인 성춘향을 점거하고 있다. 리비도는 군대와 같다. 어떤 지역을 많은 수의 군인이 점거할 수도 적은 수의 군인이 주둔할 수도 있고, 아니면 그 지역으로부터 철수할 수도 있다. 사랑이 식었다는 것을 대상을 점거하는 리비도가 줄었거나, 대상으로부터 리비도가 철회했다고 표현을 달리할 수도 있다.

조발성 치매 환자의 리비도는 대상으로부터 이탈하여 어디로 갔는가? 그 리비도는 자아로 돌아온다. 그가 모든 대상으로부터 리비도를 철회한다면, 그는 어느 누구도 사랑하지 않는다. 그리고 리비도가 자신을 향한다면 그는 자신을 사랑한다.

애정 생활에서 과대망상은 자주 나타난다. 우리가 누군가를 사랑한다면 대상을 과대평가하는 것이다. 마찬가지로 내가 나를 사랑한다면 나를 과대평가한다. 조발성 치매 환자는 자신에 관해 과대망상을 품고 있는데 그 이유는 리비도를 대상으로부터 완전히 철회하여 자신으로 돌리기 때문이다.

우리의 리비도는 대상을 향하기도 하고 자신을 향하기도 한다. 전자를 대상 리비도, 후자를 자아 리비도라고 부른다(GW 11, 431). 보통의 경우 인간의 리비도에는 대상 리비도와 자아 리비도가 섞여 있다. 그런데 조발성 치매 환자의 리비도는 오로지 자아 리비도뿐이다. 그의 리비도는 자아만을 지향하는 것이다. 이런 자세가 나르시시즘Narzißmus, 즉 자아도취이다. 이 용어는 그리스 신화에서 왔다. 사냥꾼 나르시스Narcissus는 자신의 아름다움에 스스로 반하여 자신을 사랑하는 모든 사람을 경멸하고 자신만을 사랑한다. 나르시스의 리비도는 대상으로부터 전부 철회하여 자신으로 돌아간 것이다. 자아도취적 태도는 성도착에서도 발견한다(GW 11, 430-431). 보통 사람들의 경우 사랑은 자신이 아닌 외부의 성적 대상을 향하는데, 자아도취증 도착자는 자신의 육체에 아주 많은 사랑을 준다.

존 윌리암 워터하우스John William Waterhouse, 〈에코와 나르시소스Echo And Narcissus〉

리비도 일원론

나르시시즘은 인간의 어린 시절에 나타나는 보편적 현상이다. 아이는 리비도를 어머니로부터 철회하여 자신의 신체로 돌린다. 이것을 프로이트는 자기성애Autoerotismus라고 불렀다. 언뜻 보면 아이에게 대상 리비도가 자아 리비도로 전환된 것처럼 보인다. 그러나 최초의 성의 대상인 어머니는 아직 아이로부터 분리되지 않았다. 아이는 어머니의 가슴이 자신의 신체와 다른 외부의 것이라는 점을 아직 모르는 것이다. 아이의 자기성애적 태도를 고려하면 어떤 외부의 대상 대신 자신의 몸에 리비도를 고착하는 일이 예외적 사건이 아니다. 오히려 프로이트는 이런 자아도취증이 근원적 상태이고, 여기서부터 대상을 향한 사랑이 나중에 발전한다고 추측한다(GW 11, 431). 어떤 경우이든 리비도의 상당 부분은 늘 자아에 머물고 있다.

대상의 리비도 점거가 출발하고, 즉 대상을 리비도가 점거했다가 다시 리비도가 자아로 돌아간다. 시초가 자아 리비도이든 대상 리비도이든 그렇게 중요하지 않다. 자아 리비도는 대상 리비도로 전환되고, 대상 리비도는 자아 리비도로 전환된다면, 그 둘은 본질이 다른 것은 아닌 것이다. 대상 리비도란 리비도가 대상을 향하는 것이므로 성충동의 발현이다. 반면 자아 리비도는 리비도가 자아를 향하는 것이므로 자아를 향한 성충동의 발현이지만, 이것은 자아충동의 발현이나 다름이 없다. 자아를 사랑하는 에너지와 자기를 보존하고자 하는 에너지는 동일한 것이다. 프로이트는 자아 리비도의 에너지를 대상 리비도의 에너지로부터 구별하는 것은 아무 의미가 없다는 점을 통찰하고, 리비도라는 명칭을 생략하고 다 같이 심리적 에너지psychische Energie라고 불러도 좋다는 판단에 도달한다(GW 15, 109). 이 생각은 이전에 프로이트가 거부했던 융의 견해와 다름이 없다.

남자와 여자의 연애 생활Liebesleben은 다르다

자아도취적 단계가 지나고 나서 인간은 타인을 사랑의 대상으로 선택한다. 대상 선택Objektwahl은 리비도의 발전이 진행되면서 자아도취 유형과 의존 유형, 두 가지 서로 다른 유형에 따라 이루어진다(GW 11, 442). 첫째, 자아도취 유형der narzißtische Typus은 나르시스처럼 자기를 사랑하기 때문에 타인을 사랑하더라도 자신과 가장 닮은 사람을 선택한다. 둘째, 의존 유형Anlehnungstypus은 여러 가지 인생의 욕구를 만족시켜 줄 수 있을 역량을 갖춘 대상을 선택한다. 언뜻 보면 남자는 자아도취 유형이 많고, 여자는 의존 유형이 많은 것 같다. 그러나 프로이트의 의견은 반대이다. 프로이트에 따르면, 여자는 대개 자아도취 유형이고, 남자는 의존 유형이다.

사랑의 대상 선택에서 여자는 자아도취 유형이므로 자신의 자아도취를 충족시켜 주는 남자에게 호감을 느낀다. 여왕처럼 여자를 모셔 주는 자세와 그런 재정적·문화적·사회적 능력을 가진 남자는 여자의 자아도취 경향을 만족시켜 줄 수 있다. 남자는 대상 선택에서 의존 유형이므로 어머니처럼 자신을 돌봐주는 여자에게 호감을 느낀다. 남자들이 자상한 성격의 여자나 어머니와 닮은 여자를 좋아하는 이유가 여기에 있다. 남자 중에 자아도취 유형도 있을 것이다. 그런 남성은 여자가 남자를 선택하듯이, 자신의 나르시시즘을 채워 줄 만한 여자를 사랑한다.

에로스와 타나토스

충동 이론의 처음은 자아충동과 성충동의 분리이다. 그다음은 근원적·통일적 리비도 이론이다. 프로이트는 이 두 번째 견해에 오래 머물지 않는다. 왜냐하면 인간의 정신생활에 대립성 Gegensätzlichkeit이 존재한다는 생각이 떠나지 않았기 때문이다(GW 15, 102). 심리적 갈등은 누구나 체험하는 보편적 현상이다. 플라톤Platon과 아리스토텔레스Aristotle도 두 개의 힘이 하나의 정신 속에서 투쟁하고 있음을 본다. 그들은 하나를 이성, 다른 하나를 욕구라고 불렀다. 그들처럼 정신분석도 본질이 서로 다른 두 가지 부류의 충동이 존재한다고 상정한다(GW 15, 109-110). 하나는 넓은 의미의 성충동, 즉 에로스Eros이며, 다른 하나는 파괴가 목표인 공격충동Aggressionstrieb이다. 에로스는 초기의 성충동과 자아충동의 통일이다. 공격충동은 새롭게 도입되었다. 이것은 생명 과정에서 추리할 수 있다. 모든 생명체는 태어나서 성장하고, 쇠퇴하여 죽는다. 이것을 프로이트는 생명체가 삶을 중지하고 다시 무생물적 상태로 복귀하고자 하는 충동의 발현이라고 간주한다. 그런 충동은 자기파괴이므로 공격충동의 한 방식이며, 자기를 죽음으로 몰아가므로 죽음의 충동Todestrieb이다(GW 15, 114). 사랑은 그리스어로 에로스이며, 죽음은 타나토스Thanatos이다. 그래서 죽음의 충동을 타나토스라고 부르기도 한다.

왜 하필 '죽음의 충동'인가?

프로이트의 이론에서 '죽음의 충동Todestrieb'은 1920년 『쾌락의 원칙을 넘어서Jenseits des Lustprinzips』에서 도입되었다. 이 가설은 매우 중요하지만 제대로 논의되지 않았다. 자기파괴적 충동에 대한 프로이트의 가설은 적극적으로 무시된 셈이다. 자기파괴적 충동을 프로이트가 가정한 결정적 이유는 쾌락원칙의 가정이 실제와 맞지 않다는 점을 발견하였기 때문이다. 프로이트는 정신 장치가 항상 같은 상태를 유지하려는 항상적 체계homeostatic system라고 믿고 있었다. 정신 장치는 축적된 흥분의 긴장을 방출하고, 정신 에너지의 평형을 촉진하려고 한다. 에너지의 배출 또는 적어도 항상성(안정성)이 정신생활의 기본 목표로 간주되었다. 쾌락의 원칙은 항상성의 원칙과 같다. 프로이트는 쾌락을 긴장의 감소로 이해하므로, 쾌락을 추구한다는 것은 지나치게 불어난 긴장을 해소하여 항상성을 유지하려는 노력과 동일한 것이다. 현실원칙도 쾌락을 현명하게 추구하자는 원칙이므로 본질적으로는 쾌락원칙이나 다름이 없다.

누구나 쾌락을 선택하고 고통을 회피하는 것 같다. 쾌락원칙은 확실한 것처럼 보인다. 그러나 많은 경우에 정신 체제는 예상과는 달리 의도적으로 긴장을 도입하고 증가시킨다. 다시 말해 인간의 정신은 고통을 일부러 선택하는 것이다. 이에 대한

증거는 네 가지 부류이다.[8]

(1) 외상적 꿈을 반복하는 케이스

특히 전쟁신경증 환자들은 꿈이나 기억에서 외상적 체험을 반복하는데, 이 현상은 프로이트의 초기 견해와 맞지 않는다. 꿈은 소망의 충족이고, 쾌락이 정신 장치의 목적이라면, 왜 고통스러운 외상적 체험이 반복되는가?

(2) 고통스러운 상실이 상징적 방식으로 다시 체험되는 아이들의 놀이

아이는 어머니가 떠나고 혼자 남게 되자, 실패를 침대 가장자리로 던져 보이지 않게 하였다가 다시 끌어 당겨 눈앞에 나타나게 하고, 다시 던지는 놀이를 한다. 이 놀이는 어머니가 사라지는 것을 고통스럽게 다시 창조하는 드라마이다. 왜 불쾌한 상실의 체험이 억제되지 않고 반복되는가?

---

8 Richard Boothby. *Death and Desire: Psychoanalytic theory in Lacan's return to Freud*. Routledge. first edition 1991. 2014. 2-3, 11.

(3) 마조히즘의 문제

마조히즘은 정신 장치가 쾌락의 원칙에 의해 규제된다는 관념에 도전한다. 마조히스트의 경우, 쾌락과 고통은 얽혀 있는 듯하다.

(4) 분석 과정 자체에서 나오는 증거

환자들은 매우 고통스러운 상실이나 실망스런 사건을 반복함으로써 치료를 방해하는 경향이 있다. 이러한 자기파괴적 행동과 부정적 치료 반응의 동기가 무엇인지 추적하다가 프로이트는 가장 근본적 도전에 직면하게 되었다.

이 네 가지 사례는 쾌락의 원칙을 넘어선 새로운 정신의 질서를 지시한다. 쾌락의 원칙이라는 항상성의 원칙 옆에 두 번째의 기본 원칙이 있어야 한다. 이 원칙은 평형과 조화를 지향하지 않고 갈등과 분열을 지향하는 힘이다. 첫 번째 성향이 삶의 충동 즉 에로스의 표출이라면, 두 번째 성향은 죽음의 충동 즉 타나토스의 표출이다.

타나토스는 자기-파괴이다

죽음의 충동은 정신분석적 이론을 골치 아프게 하였던 사디즘과 마조히즘의 문제를 해결하는 데 매우 중요한 역할을 수행한다. 이제 프로이트는 마조히즘과 사디즘은 밀접하게 얽혀 있으나 마조히즘이 더 근원적 충동이라고 본다. 사디즘은 마조히즘적 경향이 외부로 방향을 튼 것이다. 프로이트는 혁명적 논제에 도달한다. 인간의 모든 공격과 파괴는 근원을 거슬러 올라가면 자기파괴이다. 타인에 대한 인간의 공격성은 자기방어에서 나오는 반응도 아니고, 원래 잔혹한 야수적 성향의 결과도 아니다. 이것은 인간이 자기 자신과 충돌하는 내적 갈등의 외적 표출이다. 이런 견해는 프로이트의 후기 저작에도 그대로 유지된다.

죽음 충동 개념은 프로이트의 가장 성숙한 이론에서 핵심이다. 그러나 프로이트의 초기 추종자들은 모두 죽음 충동 이론을 거부했다. 프로이트의 그 인기 없던 이론을 가장 의미 있게 다룬 사람이 40년 후 등장했다. 그는 프랑스의 자크 라캉이다. 라캉은 프로이트의 죽음 충동을 다시 강조하는 수준을 넘어서서, 정신분석의 중심에 그것을 다시 세운다. 라캉은 프로이트의 사상의 발전에서 『쾌락의 원칙을 넘어서』가 중추라고 지적한다.

죽음 충동은 근원적 의미에서 다루어야 한다. 프로이트는 인간에게 내재하는 외부에 대한 공격적·파괴적 경향을 단순히 지적하지 않는다. 타나토스에서 프로이트 이론의 핵심은 자기-파괴이다. 타나토스는 자기 자신을 향한 근원적 공격성이며, 타자를 향한 공격성은 이것의 파생태이다. 죽음 충동에서 문제가 되는 것이 자기 자신의 죽음이라는 점을 보지 못한다면, 요점을 완전히 놓치는 것이다. 라캉은 죽음의 본능은 살인하고자 하는 충동이 아니라, 자살의 충동이라고 강조한다.

에로스와 타나토스의 변증법

죽음의 충동은 어떤 생명 과정에서도 빠지지 않고 섞여 있다. 에로스와 타나토스는 각각 분리되어 홀로 존재하다가 이따금 둘이 합치는 것이 아니라 언제나 혼합되어 있다고 프로이트는 보는 것이다. 에로스 충동은 살아 있는 생명체를 더욱 큰 덩

어리로 뭉쳐 삶을 지속하고 확대하는 경향이다. 반면 죽음의 충동은 이런 추세에 반대하여 생명체를 무기無機적 상태로 되돌리려 한다(GW 15, 114). 이런 두 충동의 협력과 대립 활동의 결과로 죽음이란 종국으로 나아가는 생명 현상이 발생한다.

우리의 모든 충동은 두 가지 부류의 충동들이 혼합된 것, 두 부류 충동의 합금이다(GW 15, 111). 두 충동의 혼합 방식은 매우 다양하다. 프로이트는 사디즘과 마조히즘에서 두 충동이 혼합된 선명한 사례를 발견한다(GW 15, 111). 사디즘Sadismus은 성적 대상에게 고통, 학대, 모욕을 가할 때 성적 만족을 얻고, 마조히즘Masochismus에는 반대로 학대 받는 대상이 되고자 하는 욕구가 존재한다. 자신이나 타인에게 고통을 가한다는 것은 타나토스의 발현이며, 성적 만족을 얻는다는 것은 에로스의 발현이다. 이런 점에서 사디즘과 마조히즘은 두 가지 부류의 충동이 혼합된 충동의 전범인 것이다.

나아가서 에로스와 타나토스는 서로 다른 것에 영향을 준다. 생명체에서 에로스는 타나토스를 제어하고 있다. 그래서 죽지 않고 살아가는 것이다. 그런데 에로스의 만족이 좌절되면 에로스의 힘이 빠져 에로스가 장악하고 있던 타나토스가 마치 지하의 감옥에서 어둠의 신이 탈출하는 것처럼 풀려난다. 타나토스는 자신을 공격하는 경향이지만 아직 남아 있는 에로스의 영향을 받아 공격의 방향을 타인에게로 돌린다.

문명 속의 불만

우리 문화는 성적 욕망 추구의 희생 위에 건립되었다는 점이 앞에서 지적되었다. 인간이 일하고자 하는 충동은 없으므로 사회를 건설하는 데 쓸 에너지를 성충동에서 빌려 와야 한다. 성충동을 제한하지 않으면 인간은 일하지 않을 것이다. 그런데 성충동보다 공격충동이 사회에 더욱 위험하다. 공격충동은 타인을 무시하고 지배하며 그의 생명과 재산을 파괴하기 때문이다. 그래서 사회는 개인에게 가장 먼저 공격성을 제한하기를 요구한다.

인간이 문명 속에서 살아간다는 것은 불편하다(GW 15, 118). 사회는 우리에게 공격성의 희생을 요구하는데 그것을 제한하는 것이 굉장한 심리적 부하이기 때문이다. 타나토스는 인간의 근본적 충동이므로 제거할 수 없다. 문명의 억제 때문에 개인이 타자를 공격할 수 없다면 타나토스는 자신으로 되돌아와 자신을 공격하게 된다. 문명이 발전해도 인간이 불만인 이유는 여기에 있다. 개인이 사회의 요구에 희생되어 타인에 대한 파괴적 경향을 억제해야 한다면, 개인은 자신을 공격하게 된다. 내가 나를 심하게 때리면 행복할 수 없다. 이것이 바로 프로이트가 말하는 문명 속의 불만이다.

다행스럽게도 희망은 있다. 에로스 충동을 만족하게 해 주면 에로스의 힘이 커져 다시 타나토스를 장악할 수 있는 것이다. 그런데 거꾸로 현대 사회는 성윤리를 자꾸 엄격하게 만들어 에로스의 충족을 방해한다. 그러면 타나토스를 처리하지 못한다. 이 문제를 프로이트는 『문명 속의 불만』이라는 저서에서 자세히 다룬다.

14.
자아 심리학

　정신분석은 작업을 증상에서 시작했다. 증상이란 정신 속에 있지만 '나das Ich(자아)'에게 매우 낯선 것이다. 증상은 억압된 것, 즉 피억압자das Verdrängte에서 유래한다. 피억압자는 나에게는 외국과 같은 것, 다시 말해 정신의 내부에 있지만 낯선 곳이다. 『정신분석 입문 강의』(GW 11)에서 프로이트는 먼저 증상에서 출발하여 무의식, 충동생활, 성생활로 이어지는 길로 나아갔다.

　그러나 정신분석이 꼭 증상 또는 충동생활, 무의식에만 관심을 둔 것은 아니다. 프로이트는 이미 질병은 충동생활과 그것을 거부하는 저항 사이의 갈등에서 일어난다는 점을 지적했다.

그래서 정신분석적 탐구는 증상에서 출발하면서도 저항하고 거부하고 억압하는 기관을 잊은 적이 없다. 이 기관이 일반 심리학의 '자아'에 해당한다. 이제 프로이트는 이 기관에 학문적 관심을 집중한다. 프로이트의 정신분석적 탐구는 피억압자das Verdrängte로부터 억압자das Verdrängende로 관심의 시선을 돌리게 된 것이다(GW 15, 63). 억압하는 기관, 즉 자아에 대한 탐구를 자아 심리학이라고 부른다.

프로이트의 자아 심리학Ichpsychologie은 처음의 『정신분석 입문 강의』(GW 11)에서는 수행되지 않았다. 그때에는 증상에서 출발하여 무의식을 주로 탐구했다. 이것을 프로이트는 '심리적 지하세계die psychische Unterwelt'를 서술하였다고 언급한다. 이전의 정신분석 입문 강의는 '심리적 지하세계 입문'이었던 것이다. 프로이트가 『정신분석 입문 강의 후속편』(GW 15)에서 착수하는 자아 심리학은 이전의 입문 강의보다 좀 더 사변적으로 보인다. 자아 심리학적 탐구도 사실적 자료에 토대를 두고 있지만, 이전에 비해 좀 더 이론 구성을 과감하게 시도하기 때문이다. 프로이트는 『정신분석 입문 강의 후속편』에서 새로운 것을 첨가한다. 이전의 입문 강의에서 정신분석 이론의 사변적 부분을 회피하였으나, 이제는 그것을 논의하는 것이다.

자아 심리학은 '나', 즉 자아das Ich를 연구의 대상으로 삼는다. 자아는 매우 독특한 주관이다. 그것은 스스로를 객관, 즉 대상으로 삼을 수 있기 때문이다(GW 15, 63-64). 자아는 자신을 다른 객관처럼 다룰 수 있고, 스스로를 관찰할 수 있고, 비판할 수 있다. 이때 '나'의 일부가 나머지 '나'와 마주 선다. '나'는 분열될 수 있고, 분열된 조각들은 나중에 다시 통합할 수 있다.

즉자존재와 향자존재

헤겔은 정신의 존재 방식을 즉자존재Ansichsein와 향자존재 Fürsichsein[9]두 가지로 나눈다. 향자존재는 내가 나를 향하고 있는 양태, 즉 자아가 분열되어 존재하는 방식이다. 즉자존재는 갈라진 나의 두 조각이 통합되어 존재하는 방식이다. 헤겔은 정신의 운동이 즉자존재와 향자존재를 거쳐 가며 이루어진다고

---

9 G.W.F. Hegel. *Vorlesungen über die Geschichte der Philosophie* I. Suhrkamp Velag Frankfurt am Main 1971. p.38.

본다. 자아의 분열과 통합의 관점에서 그는 정신의 발전을 이해하는 것이다.

보통 향자존재를 대자존재로 번역한다. 그러나 필자는 '향자'라고 해야 원어의 의미를 더 잘 살린다고 믿는다. 헤겔은 향자 für sich/ for itself를 다음과 같이 사용한다. a가 b를 향하고 있다면(a is for b), a는 b에게 대상이 되어, b는 a를 인식하고 평가하고 규정한다.

어느 날 파우스트 박사는 자기의 인생이 따분하다고 생각한다. 평생을 과학연구에 바쳤지만 성과는 별것이 없었던 것이다. 이때 파우스트의 정신상태는 향자존재이다. 파우스트의 정신(파우스트 1)이 그의 정신(파우스트 2)을 향하여, 정신(파우스트 1)이 정신(파우스트 2)에게 대상이 되고 있는 것이다. 파우스트의 정신은 둘로 분열되고 있다. 정신의 향자존재는 정신의 분열 상태를 말하는 것이다. 이러한 분열 이전의 상태는 정신이 둘로 갈라지지 않고 정신이 자신에게 가까이 붙어 있다고 하여 즉자존재라고 부른다. 즉자존재의 즉(卽)은 가깝다는 의미이다. 즉자존재는 아직 향자존재는 아니지만 앞으로 분열되어 향자존재가 될 가능성을 가지고 있으며, 향자존재는 그 가능성이 실현되고 있는 현실태이다.

관찰 망상은 자아의 분열이다

프로이트는 자아의 분열을 관찰 망상Beobachtungswahn에서 발견한다(GW 15, 64-65). 어떤 환자들은 다음과 같이 불평한다. 그들은 끊임없이 그리고 아주 내밀한 행동에 이르기까지, 알 수 없는 어떤 위력적 존재(아마도 사람)의 관찰 때문에 괴롭힘을 당하고 있으며, 관찰자가 환자를 관찰한 결과를 보고하는 말을 환자들은 환청으로 듣고 있다. "이제 그는 그것을 말하려고 해. 그는 옷을 입고 외출하려고 해." 프로이트는 관찰 망상 환자뿐 아니라 우리 모두에게는 자아를 관찰하고 처벌하려고 위협하는 기관Instanz이 있다고 본다. 환자들은 그 기관을 '나'로부터 날카롭게 분리하여 외부 현실로 위치를 바꾼다verschieben. 그러나 이것은 사실이 아니다. 그는 그에게 낯선 힘을 외부에 설정하는 오류를 범한 것이다(GW 11, 444). 프로이트는 이전의 정신분석 입문 강의 당시에도 자아 내부에서 자신의 실제 자아와 그의 행동을 이상-자아Ideal-Ich에 견주어 측정하는 기관이 작동하고 있다는 점을 감지하고 있었다.

자기 관찰은 양심이다

자기를 관찰하는 기관은 자아를 검열하기도 한다. 보통 관찰 활동은 심판하고 처벌하기 위한 예비단계인 것이다. 이 관찰하는 기관의 또 다른 기능인 자기검열은 우리가 양심das Gewissen이라고 부르는 기능과 동일하다고 프로이트는 확신한다. 이 기관은 밤중의 꿈을 검열하여 용인할 수 없는 소망을 억압하는 기관과 동일하다. 프로이트는 초기부터 그 기관은 부모, 선생, 사회 환경의 영향으로부터 그런 모범적 인격체와 개인을 동일화함으로써 생겨난다는 점을 알고 있었다(GW 11, 444).

'나'는 '나'에게 쾌락을 주는 무엇을 하고 싶은 경향을 느낀다. 그러나 '나'는 '나'의 양심이 그것을 허용하지 않기 때문에 그만둔다. 만약 양심의 저지에도 불구하고 '나'는 쾌락의 기대가 너무 커서 어떤 일을 벌이기도 한다. 그러면 그것에 대하여 양심의 목소리는 이의를 제기하고 그 행동에 대하여 '나'의 양심은 '나'를 처벌하고 고통스런 비난을 가하여, 그 행동에 대하여 '나'

는 후회한다. 프로이트는 이 기관을 '나',즉 '자아'와 독립적이라고 간주하고, 그것은 자아 위에서 자아를 내려다보고 있으므로, 초자아das Über-Ich라고 부른다(GW 15, 65-66). 헤겔은 자아의 분열을 자아의 양태라고 간주하는 반면, 프로이트는 자아와 초자아라는 독립적 기관의 대립으로 간주하는 것이다.

초자아는 도덕의 근원이다

우울증 환자는 건강할 때는 자신에게 별로 엄격하지 않다. 우울증이 발작하면 초자아는 연약한 자아를 지나치게 엄격하게 대하고, 모욕하고, 깎아내리고, 학대한다. 프로이트는 우울증Melancholie이 자아와 초자아의 갈등, 또는 자아에 대한 초자아의 공격에서 생긴다고 본다(GW 15, 67). 초자아는 강력한 도덕적 기준을 무력한 자아에게 들이대어 자아를 마구 두들긴다. 초자아는 도덕성의 요구를 대변한다. 우리의 도덕적 죄의식moralisches Schulgefühl은 자아와 초자아 사이의 긴장의 표출이다.

어떤 사람들은 도덕이 마치 신으로부터 부여받은 것처럼 우리 내면 깊이 뿌리박고 있는 듯 믿는다. 칸트는 우리 내부의 양심을 별이 빛나는 하늘과 비교했다. 별은 하늘을 비추고, 도덕법칙은 인간의 마음을 안내한다고 칸트는 본 것이다. 그러나 프로이트는 도덕법칙의 근원인 양심에 대해 평가가 다르다. 별은 굉장하지만, 양심은 그렇지 않다. 많은 사람들은 양심을 조금만 가지고 있고, 거의 없기도 하다는 점을 프로이트는 통찰하기 때문이다.

양심은 타고난 것이 아니라 나중에 형성된 것이다

양심이 우리 내부의 어떤 것이라고 하더라도, 처음부터 그런 것은 아니다. 어린아이는 도덕을 모르는amoralisch 존재이다. 그는 쾌락을 추구하는 충동을 저지하는 어떤 내부적 억제도 없다. 나중에 초자아가 떠맡는 역할을 처음에는 외부적 위력, 부모의 권위가 행사한다. 부모의 영향이 아이를 통제한다. 아이는 부모의 사랑을 잃을까봐 그리고 부모에게 처벌받을까 두려워한다. 이러한 실제적 불안Realangst이 나중에 오는 양심적 불안 Gewissenangst의 전조이다(GW 15, 67-68). 실제적 불안이 지배하는 한 초자아, 즉 양심은 필요 없을 것이다. 나중에 가서야 통제를 수월하게 할 수 있는 효율적 방식이 자라난다. 부모의 외적 방해나 억제가 아이의 정신에 내면화하여, 부모라는 기관의 자리에 아이의 초자아가 들어서는 것이다. 그러면 전에 부모가 아이에게 했던 것처럼, 부모 대신 아이의 초자아가 자아를 관찰하고, 조정하고 위협한다.

초자아의 형성의 토대는 동일화이다

부모와 아이의 관계가 초자아와 자아의 관계로 변화하는 과정은 너무나 복잡하다. 프로이트도 그것을 모두 통찰하고 있지 못하지만, 이 과정의 토대는 동일화Indentifizierung라는 점은 확신한다(GW 15, 69). 동일화는 자아가 그와 다른 낯선 것에 동화되는Angleichung 과정이다. 그것의 결과로 처음의 자아는 자아 자신 안에 타자를 수용하여, 그가 모방하고자 하는 타자처럼 처신한다.

남자아이가 아버지와 자신을 동일화한다면, 아이는 아버지처럼 존재하려고 한다. 동일화의 경우 아이의 자아는 아버지를 전범으로 삼아 변화한다. 성장과정에서 초자아는 이런 사람의 영향을 받아 형성되는 것이다. 이상적 전범이 되는 사람ideales Vorbild은 부모뿐 아니라 보모나 교사가 될 수도 있다(GW 15, 70). 자크 라캉은 동일화의 이상적 전범을 '큰 타자the Other'라고 부른다. 큰 타자는 아이가 생각하듯이 실제로 이상적 존재일 필요는 없다. 실제로 부모는 시시한 존재라도 아이가 위대한 존재라고 간주하면 큰 타자의 역할을 할 수 있는 것이다. 초자아는 실제의 부모가 아니라, 아이가 상상하는 부모의 이미지를 통하여 형성된다.

초자아는 이상적 자아이다

초자아에 세 번째 중요한 기능이 있다. 그것은 자아의 이상 Ichideal의 담지자라는 것이다. 이상적 자아상에 대어 보며 자아는 자신을 측정하고, 이것을 닮으려고 노력한다(GW 15, 71). 아이는 어린 시절에 부모가 완전하다고 상상했으므로, 자아의 이상은 오래전 부모 표상, 부모 이미지의 침전물이다. 초자아의 특징은 자기 관찰, 양심 그리고 자아의 이상이다.

초자아는 전통을 담고 있다

대체로 부모 그리고 부모와 유사한 권위자들은 아이를 교육할 때 그들 자신의 초자아의 지침을 따른다. 그들에게도 자아와 초자아가 대결을 벌이고 있지만, 아이의 교육에서 그들은 엄격하고 요구가 많다. 그래서 아이의 초자아는 원래 부모의 전범에 따라서가 아니라, 부모의 초자아의 전범에 따라 건립된다. 아이의 초자아는 부모의 초자아와 같은 내용으로 채워진다. 초자아는 전통의 담지자여서, 시간적으로 지속하는 모든 가치를 담고 있다. 이런 식으로 전통은 세대를 건너가며 대를 잇는다.

유물론적 관점은 이런 요소를 과소평가한다는 점에서 과오를 범하고 있다고 프로이트는 평가한다(GW 15, 73-74). 인간의 이념(이데올로기)은 실제적 경제적 관계의 결과물 즉 상부구조라는 유물론의 주장은 맞지만, 전체가 진실은 아니다. 왜냐하면 인간은 전적으로 현재에 살지 않기 때문이다. 초자아라는 상부구조에는 과거, 즉 종족과 민족의 전통이 살아 있다. 그것은 현재 경제 관계의 영향을 맞이하여 아주 천천히 물러간다. 전통은 초자아를 통하여 영향을 행사하므로, 경제 관계로부터 독립적인 강력한 역할을 인간의 삶에서 수행한다.

무의식은 세 가지 의미가 있다

정신분석은 저항의 지각에 건립되어 있다. 분석가는 환자의 무의식을 의식으로 변환하도록 유도하는데, 이 작업에 대해 환자는 저항을 시도한다. 환자의 정신생활의 어떤 부분으로부터 무의식적 저항이 나오는가? 프로이트는 이전에는 자아가 저항을 시도한다고 생각했다. 그러나 이제 자아 안에 초자아라는 특정한 기관을 가정한 이후, 저항은 초자아의 작용이라고 말한다. 초자아는 스스로 저항을 수행하거나, 또는 자아에게 위임하여 수행한다.

자아와 초자아의 상당부분이 무의식에 머무를 수 있다. 환자는 저항하면서도 저항을 의식하지 못한다. 이 경우 초자아와 자아는 무의식적으로 작업하고 있는 것이다. 인간은 자신 안에서 벌어지는 사건을 모른다. 그것을 의식하려면 노력의 수고를 들여야 한다. 자아는 의식이고, 억압은 무의식이라는 구별은 성립하지 않는다. 프로이트는 의식-무의식의 문제에 대한 이해를 수정할 필요가 있다는 것을 깨닫는다.

서술적 의미의 무의식

무의식의 의미 중 오래된 가장 좋은 의미는 (1) 서술적deskriptiv 의미이다. 우리는 어떤 심리적 과정이 무의식적이라고 한다. 그것이 존재한다는 점은 우리가 가정한다. 우리는 어떤 심리 과정이 활동하고 있지만 그 당시 그것에 관해 아무것도 모르고 있다면 그것을 무의식이라고 부른다. 사실 대부분의 의식적 과정은 잠깐만 의식되고, 곧장 잠재적latent이 되었다가, 다시 쉽게 의식된다. 이러한 잠재적 과정을 무의식이라고 말할 수 있다.

동태적 의미의 무의식

말실수Versprechen의 기전을 설명하려고 할 때 무의식의 새로운 개념이 도입되었다. 말실수를 범하는 사람에게 특정한 의도가 형성되어 있다. 추후에 우리가 그 의도를 화자에게 알려 주면,

화자는 그 의도를 인정할 수도 있다. 그러면 그 의도는 잠시 동안 무의식이다. 반면 어떤 경우에는 그 의도를 화자가 낯설다고 부인할 수도 있다. 그러면 그 의도는 지속적 무의식이다. 이렇게 어떤 표상이 의식으로 변환되거나 되지 않는다는 관점에서 두 가지 무의식을 구별할 수 있다. (2) 이것이 동태적dynamisch 관점의 무의식이다(GW 15, 78). 어떤 무의식은 쉽게 의식으로 변환되는 반면, 어떤 무의식은 변환이 힘들어 많은 수고를 지불해야 의식이 되거나 그래도 의식이 되지 못한다. 혼동을 피하기 위해 단지 잠재적이며 쉽게 의식되는 무의식을 전의식das Vorbewußte이라고 부르고, 전환이 힘든 다른 부류를 무의식이라고 부를 수도 있다. 무의식의 동태적 관계를 고려하면 심리 과정은 의식, 전의식vorbewußt, 무의식unbewußt의 세 부류이다. 그런데 순전히 서술적 관점에서 보면, 전의식은 무의식과 동일하다.

지형적 의미의 무의식

무의식이란 말을 세 번째 의미에서 사용할 수 있다. 정신생활의 넓고 중요한 영역은 자아의 인식에서부터 벗어나 있다. 그 영역에서 일어나는 심리 과정을 무의식이라고 부를 수 있다. (3) 이것이 위상적 체계적 의미topischer und systemaischer Sinn의 무의식이다. 그런데 그 영역에 무의식이라는 용어를 적용하기가 적절하지 않다고 프로이트는 판단한다. 자아가 잘 모르는, 자아에게 낯선 정신 영역을 무의식의 체계라고 부르는 것은 정당하지 않다는 것이다. 왜냐하면, 무의식성Unbewußtheit이 그 영역의 가장 중요한 특징이 아니기 때문이다. 이제 프로이트는 종래에 무의식이라고 불렀던 특정 기관과 체계를 새로운 명칭으로 지적한다. 그 용어는 '그것das Es'이다(GW 15, 78-79). 우리는 잘 모르는 어떤 것, 인정하기 싫은 어떤 힘을 '그것'이라고 한다. '그것'은 라틴어로 이드id이므로, 프로이트의 저술을 영어로 번역할 때 '그것'을 이드라고 불렀다. 인간의 정신 전체를 자아라고 부른다면 자아는 여러 개의 기관으로 구성된 합성체이다. 인간의 정신 장치 즉 넓은 의미의 자아는 초자아, 자아(좁은 의미의 자아), 이드의 세 가지 영역, 지역으로 구성되어 있다. 자아는 넓은 의미로도, 좁은 의미로도 사용된다.

이드는 무의식의 기관에 대한 새로운 명칭이다

프로이트는 이드를 비유를 통하여 설명한다. 이드는 카오스, 부글부글 끓어오르는 흥분의 냄비이다. 이드는 육체 기관과 맞닿아 있고, 육체의 충동 욕구Treibbedürfnis는 이드 안에서 심리적 표현을 발견한다. 이드는 충동 욕구를 쾌락원칙의 준수를 통하여 만족시켜 주는 노력을 한다(GW 15, 81). 이드는 어떤 가치평가도, 선악도, 도덕도 모른다. 쾌락원칙만이 이드의 모든 과정을 지배한다. 충동이 에너지로 꽉 차 있으면, 즉 점거되어 있으면, 이드는 에너지를 방출하려고 한다. 충동을 충족하며 흥분을 방출하는 것이 이드의 유일한 활동이다.

자아는 이드의 확장이다

자아는 이드의 일부, 외부 세계의 접촉과 영향을 통하여 변형된 이드의 일부이다. 자아는 마치 생명체의 덩어리를 둘러싸고 있는 외피와 같다고 프로이트는 말한다. 이드가 막강한 외부 세계의 위력을 고려하지 않고 충동의 만족을 위해 맹목적으로 노력하다가는 죽음을 면치 못할 것이다. 이드는 자신의 안녕을 위하여 외부 세계를 관찰하는 기능을 개발한다. 바로 이렇게 확장된 이드의 부분이 바로 자아이다. 자아는 외부 세계를 지각하고 그것의 참된 복사물을 기억에 보존하고, 현실 검사Realitätsprüfung를 통하여 외부 세계의 복사물(지각이 만들어 기억에 보존한 복사물)을 내적 자극의 원천으로부터 생기는 것들과 구별한다. 자아는 음식을 실제로 먹었던 기억과 먹는 환상을 구별하는 것이다. 그리고 자아는 욕구와 행동 사이에서 사유 작업이라는 유예를 삽입한다. 그 유예기간 동안 자아는 경험의 기억을 활용하여 뭔가를 하고 싶다고 즉각 행동으로 나아가지 않고 현실을 고려한다. 이렇게 자아는 쾌락원칙을 왕좌에서 끌어내리고 쾌락원칙을 현실원칙으로 대체한다(GW 15, 81-83). 현실원칙은 좀 더 확실하고 커다란 성과를 약속한다.

통속적 표현 방식을 사용한다면 정신생활에서 자아는 이성이나 사려, 그리고 이드는 야생의 정열이다(GW 15, 82-83). 플라톤은 정신에서 이성과 욕구의 갈등을 발견했다. 그러나 자아와 이드의 관계가 이성과 욕구의 관계와 일치하지 않는다. 왜냐하면 자아는 이드의 단지 한 조각, 즉 외부 세계의 위험과 접촉하며 발전된 이드의 부분이기 때문이다. 자아는 자체 에너지가 없어서 허약하다. 자아는 자신의 에너지를 이드로부터 빌려 온다. 자아는 이드의 의도를 관철해야 한다. 자아와 이드의 과제는 기수와 말의 관계와 유사하다. 말은 장소 이동을 위한 에너지를 내어놓는다. 기수는 목표를 정하고, 힘센 동물을 조종하는 권한을 가지고 있을 뿐이다. 반면 플라톤의 사상에서 이성은 그 자체 목표와 힘을 가지고 있다.

자아는 3명의 주인을 섬긴다

3명의 주인은 외부 세계die Außenwelt, 초자아 그리고 이드이다 (GW 15, 84-85). 자아는 그들의 요구를 조화시키려고 고투苦鬪한다. 먼저 자아는 외부 세계를 관찰하기 때문에 현실의 요구를 고려한다. 그리고 자아는 이드의 확장이므로 이드의 충복이 되어 이드에게 봉사하려고 노력한다. 마지막으로 자아는 초자아의 명령과 충돌하지 않으려고 주의한다. 3명의 주인의 요구들은 서로 제각기이고, 통합되지 않는 경우가 자주 있다. 초자아는 자아에게 자아가 취해야 할 특정한 규범을 미리 정한다.

초자아의 명령이 수행되지 않으면 자아를 열등감이나 죄책감의 긴장 정서로 처벌한다. 이드에 의해 휘둘리고, 초자아에 의해 몰리고, 현실에 의해 반격을 당하면서 자아는 자신의 과제를 수행하려고 고투한다. 이 과제는 쉽지 않다. 자아의 힘든 운명을 프로이트는 '인생은 쉽지 않다Das Leben ist nicht leicht!'고 표현한다.

이전의 정신분석 입문 강의에서 프로이트는 정신분석은 무의식을 의식화하는 것이라고 했다. 이제 그는 다른 식으로 정신분석을 규정한다. 정신분석적 치료의 의도는 자아를 강화하는 것das Ich zu stärken이다. 이렇게 하려면 초자아로부터 자아는 좀 더 독립해야 하고, 자아의 지각 영역을 확대하여 현실을 잘 고려하고, 자아의 조직을 증축하여 자아가 이드를 더욱 많이 수용할 수 있어야 한다. 자아는 이드의 확장이므로 자아가 외부 세계와 초자아의 요구를 고려하는 궁극적 목적은 이드의 요구를 충실히 섬기기 위해서이다. 이 점을 프로이트는 다음과 같이 표현한다. "이드가 있었던 곳에 자아가 들어선다Wo Es war, soll Ich werden"(GW 15, 86).

인간의 세 가지 유형

사람들은 트럼프 대통령은 이드 형이고, 오바마 대통령은 초지아 형이라고 한다. 이런 식으로 인간의 성격을 자아와 초자아, 이드에 따라 구별하기도 한다. 자아, 초자아, 이드는 인간의 정신을 구성하는 부분이지만, 이 세 개 중 어느 것이 우세하냐에 따라 인간의 유형을 규정할 수 있는 것이다.

영화 〈가을의 전설Legends of the fall〉(1994)에는 알프레드Alfred, 트리스탄Tristan, 사뮤엘Samuel라는 3형제가 등장한다. 막내 사뮤엘은 이드 형 인간이다. 그는 하고 싶은 대로 하고, 뒷수습은 형들이 한다. 둘째 트리스탄은 초자아 형 인간이다. 그는 아버지와 관계가 좋다. 아마 그는 아버지를 이상형으로 삼고 그와 동일화하였을 것이다. 장남 알프레드는 자아 형 인간이다. 그는 장남이지만 아버지로부터 인정받지 못하고, 자신의 힘으로 인생을 개척해 나가는 현실적 인간이다.

춘향전의 주인공은 어떤 유형의 인간일까? 변학도는 하고 싶은 대로 한다. 그는 이드 형이다. 춘향은 죽음을 각오하면서 절개를 지킨다. 그녀는 초자아 형이다. 이도령은 현실을 고려하며 사랑을 이룰 방법을 모색한다. 그는 자아 형이다.

당신은 어떤 유형의 인간인가? 어떤 종류의 사람이 되고 싶은가? 프로이트의 정신분석은 어떤 인간형을 추천하는가?

에필로그

"때로 사람들은 진실을 듣지 않으려고 한다. 환상을 깨뜨리지 않기 위해서."

프로이트는 니체의 말을 인용하면서 정신분석을 거부하는 세상에 서운함을 표출한다. 정신분석은 지금까지 참으로 많은 비난과 오해를 받아 왔다. 가장 큰 이유는 프로이트가 지적하듯이 정신분석은 인간의 자신에 대한 아름다운 환상을 파괴하기 때문이다.

정신분석은 심리 생활에서 무의식의 활동을 강조한다. 우리는 다른 것은 몰라도 자신에 관해서는 잘 안다고 믿는다. 이런 인간의 자신에 대한 과대망상은 정신분석적 연구에 의해 상처를 입었다. 자아는 자신의 집에서도 주인이 아니다. 나는 자신의 정신생활에서 벌어지는 사건들에 관해서 빈약한 보고밖에 듣지 못하기 때문이다.

그리고 정신분석은 에로스와 타나토스가 인간의 기본적 충동이라고 주장한다. 에로스는 살아가고자 하는 경향이지만 핵심은 성생활이다. 이런 주장은 성선설에 익숙한 보통 사람들의 정서에 거북하다. 나아가 타나토스는 자기를 파괴하고자 하는 경향이다. 삶이 힘들어서 자살하는 것은 몰라도, 원래 인간의 정신 속에 죽고자 하는 욕망이 있다는 견해는 상식과 맞지 않는다.

마지막으로, 정신분석의 자아 심리학은 전통적 도덕철학과 근본에서 대립한다. 우리는 옳고 그름을 건전한 상식으로 판단할 수 있다고 믿는다. 왜냐하면 우리는 양심이라는 선천적 능력을 구비하고 있기 때문이다. 그러나 정신분석은 태어날 때는 양심이라는 것이 없으며 그와 비슷한 기능을 하는 초자아는 나중에 후천적으로 형성된다고 본다. 이런 견해는 인간의 선천적 도덕성을 부정하여 인간의 자기-이미지에 심각한 상처를 준다.

정신분석을 사람들이 싫어할 이유는 많고 그것들은 이해할 만하다. 그러나 '내가 싫어하기 때문에 틀렸다'는 식으로 새로운 이론을 거부한다면 인간은 그냥 현재에 머무르게 된다. 인간은 되어 가는 존재이지 자기 자신과 동일한 존재자가 아니다. 반면 사물은 자신과 늘 동일하게 남아 있다. 산은 산이고 물은 물인 것이다. 그러나 인간은 그렇지 않다. 인간은 어떤 것도 아니며, 그 어떤 것으로 머물러 있지 않다. 환상을 유지하기 위해 진실을 거부하는 사람은 인간다운 삶을 살지 못한다. 인간다운 인생의 본질은 환상을 깨는 아픔을 겪으면서도, 다른 것으로 되어 가는 자기 부정이기 때문이다.

인용문헌

• Freud, Sigmund의 저작들

Zur Psychopathologie des Alltagslebens. Gesammelte Werke. IV. Imago Publishing Co. Ltd. London. First printed, 1941. Reprinted, 1947.

SE 6. The Psychopathology of Everyday Life(1901).

『일상생활의 정신병리학』, 이한우 옮김, 프로이트 전집 7, 열린책들, 2007.

Vorlesungen zur Einführung in die Psychoanalyse. GW 11, p.495.

Introductory Lectures on Psycho-Analysis. SE 15/16.

『정신분석 강의』 상/하, 홍혜경/임홍빈 옮김, 프로이트 전집 1/2, 열린책들, 2004.

Jenseits des Lustprinzips. GW 13, pp.3-69.

Beyond the Pleasure Principle. SE 18.

쾌락의 원칙을 넘어서, 『쾌락원칙을 넘어서』, 박찬부 옮김, 프로이트 전집 14, 열린책들, 1997.

Selbstdarstellung. GW 14, pp.31-95.

An Autobirographical Study. SE 20.

나의 이력서, 『나의 이력서』, 한승완 옮김, 프로이트 전집 20, 열린책들, 1997.

Das Unbehagen in der Kultur. GW 14, pp.422-506.

Civilization and its Discontents. SE 21.

문명 속의 불만, 『문명 속의 불만』, 김석희 옮김, 프로이트 전집 12, 열린책
　　들, 2004.

Neue Folge der Vorlesungen zur Einführung in die Psychoanalyse. GW 15, p.205.

New Introductory Lectures on Psycho-Analysis and Other Works. SE 22.

『새로운 정신분석 강의』, 임홍빈·홍혜경 옮김. 프로이트 전집 2, 열린책들,
　　2004.

Eine Erfüllte Traumahnung. GW 17, pp.19-23.

Abriss der Psychoanalyse. GW 17, pp.63-138.

An Outline of Psychoanalysis. SE 23.

정신분석학 개요, 『나의 이력서』, 박성수 옮김. 프로이트 전집 15, 열린책
　　들, 2004.

● 이 외의 인용문헌

Boothby, Richard. Death and Desire: *Psychoanalytic theory in Lacan's return to* Freud. Routledge. first edition 1991. 2014.

Fink, Bruce. *A Clinical Introduction to Lacanian Psychoanalysis: Theory and Practice.* Harvard University Press. 1997.

Grinstein, Alexander. "A Psychoanalytic Study of Schwind's 'The Dream of A Prisoner.'"(American Imago, vol. 8, no. 1, 1951, pp.65-91. JSTOR, www.jstor.org/stable/26301444).

Hegel, G.W.F. *Vorlesungen über die Geschichte der Philosophie I.* Suhrkamp Velag Frankfurt am Main. 1971.

Tatarkiewicz, Wladyslaw. *History of Aesthetics*, vol. 1. edited by J. Harrell. Mouton, 1970.

[세창명저산책]

세창명저산책은 현대 지성과 사상을 형성한 명저들을 우리 지식인들의 손으로 풀어 쓴 해설서입니다.

· 세창명저산책은 계속 이어집니다.